Allegria

Die Autorin

Brandon Bays arbeitete mehr als zehn Jahre lang mit Anthony Robbins und leitete weltweit Seminare in den Bereichen ganzheitlicher Gesundheit und Bewusstseinsentwicklung, bevor sie den *Journey*®-Prozess entwickelte. Heute lebt sie in England und reist durch die ganze Welt, um *The Journey*® allen Menschen nahe zu bringen.
Weitere Informationen erhalten Sie unter: www.thejourney.com

Von Brandon Days sind in unserem Hause erschienen:

In Freiheit leben
The Journey® – Der Highway zur Seele
The Journey® Für Kids
The Journey® Karten (Allegria)
The Journey® – Der Highway zur Seele (CD)

Brandon Bays

The Journey™ Für Kids

Befreiung von Ängsten und traumatischen Erinnerungen

Aus dem Amerikanischen
von Angelika Hansen

Ullstein

Besuchen Sie uns im Internet:
www.ullstein-taschenbuch.de

Allegria im Ullstein Taschenbuch
Herausgegeben von Michael Görden

Umwelthinweis:
Dieses Buch wurde auf chlor- und säurefreiem Papier gedruckt.

Neuausgabe im Ullstein Taschenbuch
1. Auflage Januar 2008

Umschlaggestaltung: FranklDesign, München
Titelabbildung: www.leeladhar.com / istockfoto
Druck und Bindearbeiten: GGP Media GmbH, Pößneck
Printed in Germany
ISBN: 978-3-548-74402-5

Inhalt

Einführung

Dies ist ein Buch über Befreiung – über die Befreiung des grenzenlosen Potenzials, das im Herzen eines jeden Menschen strahlt.

Tief in unserem Inneren ruht eine grenzenlose Freude, das Potenzial für echte Genialität und unendliche Liebe, eine leuchtende Quelle der Kreativität. Diese innere Kraft wartet darauf, freigesetzt zu werden; sie ruft Sie in diesem Moment und lädt Sie ein, Ihre eigene Großartigkeit zu entdecken. Sie fordert Sie auf, sich furchtlos in die Tiefen Ihrer inneren Weisheit zu stürzen, um das riesige Potenzial zu entdecken, das in der Lage ist, alles zu kreieren.

Jedes unserer Kinder ist als diese strahlende Präsenz auf die Welt gekommen, als dieses grenzenlose Potenzial. Doch leider scheint dieses innere Strahlen im Laufe der Jahre durch die Schmerzen und Schwierigkeiten des Lebens verdeckt zu werden – es wird begraben unter Schichten unerlösten Schmerzes, Momenten des Versagens, emotionalem Rückzug. Es ist, als würden wir wie ein strahlendes Licht auf die Welt kommen, und irgendwie stülpt das Leben einen Lampenschirm über dieses Licht und dämpft es oder macht es gar unsichtbar. Im Laufe der Zeit identifizieren wir uns dann mit all den Schichten, die unser Licht bedecken und vergessen, dass es in unserem Inneren einst Genialität und Großartigkeit gab.

In diesem Buch werden Sie sehr reale und praktische Möglichkeiten kennenlernen, um diese Lampenschirme abzunehmen, die Ihr inneres Licht zu lange verdunkelt haben. Sie werden einfache, effektive Instrumente in die Hände bekommen, mit denen Sie jene strahlende Großartigkeit wieder freisetzen können.

Dieses Buch ist ein Quell der Freude, voller inspirierender Geschichten, die unmittelbar zu Ihrem eigenen tiefsten Wissen sprechen. Es ist voller wahrer Berichte ganz normaler Kinder, die auf »Journeys« gegangen sind und sich selbst befreit haben, die den Deckel entfernt haben, der ihre Kreativität verborgen hatte. Indem wir mit diesen Kindern auf die Reise gehen, erfahren wir, wie sie ihre Körper geheilt haben. Wir nehmen an ihrer Liebe zum Leben teil, während sie Schicht um Schicht ablegen und ihre Genialität sichtbar werden lassen. Wir lassen uns von ihrer Bereitschaft ergreifen, leichten Herzens zu vergeben, was unverzeihlich scheint. Durch ihre »Journeys« sehen wir uns selbst und werden befreit.

Die Wahrheit der Weisheit von Kindern, ihre Gesundheit und Lebenskraft und die Schlichtheit ihres Erwachens dienen uns allen als ein Modell, das uns inspiriert und Mut macht, unsere eigenen Journeys zu beginnen.

Darüber hinaus finden Sie in diesem Buch zahllose praktische Werkzeuge und Hilfsmittel, einfache Schritt-für-Schritt-Anleitungen für die innere Arbeit sowie alltägliche Weisheiten und benutzerfreundliche Fertigkeiten – das Ganze in einem Stil geschrieben, von dem ich hoffe, dass er einfach nachzuvollziehen und zu verstehen ist und Sie ermutigen wird, unbeschwert und effektiv mit Ihren Kindern zu arbeiten/zu spielen, und zwar ab sofort.

Ich hoffe von ganzem Herzen, dass wir als Eltern und Beschützer dieser wunderbaren Seelen wahrhaft lernen, unseren Kindern auf ihren spirituellen und heilenden Journeys zu Partnern zu werden. Ich bete darum, dass wir erkennen, dass unsere Kinder in Wahrheit bereits frei, vollkommen und mit einem wundervollen Potenzial versehen sind. Als ihre Partner helfen wir ihnen lediglich, die Schleier zu entfernen, die jenes Potenzial verdecken und auf diese Weise das wahre Selbst unserer Kinder zu befreien. Wir helfen ihnen, die Lampenschirme zu entfernen von ihrem *seit jeher* strahlenden Licht.

Gegenwärtig wird der Prozess der Kid's Journey überall auf der Welt von Lehrern, Schülerberatungen und Kindertherapeuten benutzt. Er kommt in Suchtberatungszentren zum Einsatz, in Selbsthilfegruppen, Kinderhilfsorganisationen und diversen Sozialdiensten. Die Kid's Journey wurde von Priestern, Nonnen, Pfarrern, Rabbinern, Mönchen und Swamis der verschiedensten spirituellen Traditionen übernommen. Doch am meisten wird sie von ganz normalen Müttern, Vätern, Tanten, Onkeln, Großmüttern und Großvätern aller sozialen Schichten benutzt – von Menschen wie Sie und ich.

Da es buchstäblich Tausende inspirierender Geschichten von Kindern gibt, habe ich jene ausgewählt, die mit alltäglichen Problemen zu tun haben – mit Fragen und Herausforderungen, denen sich alle normalen Kinder in allen Kulturen irgendwann stellen müssen. Jede Geschichte weist darauf hin, wie wir diese Probleme angehen können und enthält spezifische Werkzeuge und Vorgehensweisen, die darauf abzielen, das Problem freizulegen und zu heilen. Es sind also die Kinder selbst, die uns zeigen, wie wir ihnen liebevolle Partner ihrer Heilung und ihres inneren Wachstums sein können. Ich habe die meisten der Namen geändert, da die Kinder meiner Meinung nach den gleichen Respekt und die gleiche Privatsphäre verdienen, die wir uns als Erwachsene ausbedingen. In einigen Fällen habe ich den Journey-Prozess etwas ausführlicher beschrieben, um eine bessere Erklärung der einzelnen Schritte zu geben und den Vorgang verständlicher zu machen, doch in allen Fällen sind die Fragen, Themen und Probleme und ihre bewegenden, außergewöhnlichen Resultate authentisch und zeigen den Erfolg der Kinder in ihrem Erwachen und ihrer Heilung auf.

Um die Arbeit leichter und übersichtlicher zu gestalten, habe ich das Buch in drei Hauptabschnitte unterteilt:

1. Der erste Teil ist eine Einführung in den Journey-Prozess. Er beinhaltet die Geschichten der Kinder, ihre Probleme und ihre Lösungen, die uns letzten Endes zeigen, wie wir unser eigenes, wundervolles Potenzial freisetzen können.
2. Der zweite Teil befasst sich in erster Linie mit unseren Kleinen – den Fünf- bis Siebenjährigen. Hier finden Sie ausführliche Anleitungen und im Anschluss daran eine spezielle therapeutische, märchenähnliche Geschichte, die bei Kleinkindern auf der unbewussten Ebene wirkt. Sie ist einem spirituellen Abenteuer vergleichbar und kann als Gutenachtgeschichte vorgelesen werden. Die Kinder lieben sie! Selbst wenn Sie vorhaben, nur mit älteren Kindern zu arbeiten, lege ich Ihnen dringend ans Herz, diesen Teil des Buches von Anfang bis Ende zu lesen, da er viele der Lehren enthält, auf der die Arbeit der älteren Kinder beruht.
3. Im dritten Teil geht es hauptsächlich um die Arbeit mit älteren Kindern – den Acht- bis Zwölfjährigen. Darüber hinaus finden Sie dort einige Anleitungen für die Arbeit mit Teenagern sowie den genauen Ablauf der Kid's-Journey.

Und schließlich: Sollte Ihr Kind Sie dazu inspirieren, auf Ihre eigene Journey zu gehen – was zweifellos der Fall sein wird –, empfehle ich Ihnen, das Buch für Erwachsene zu lesen: *The Journey: Der Highway zur Seele.*

The Journey ist das Resultat meiner eigenen direkten Heilung einer riesigen Geschwulst in der kurzen Zeitspanne von nur sechseinhalb Wochen – ohne Medikamente oder Operation. Im Jahre 1992 wurde in meiner Gebärmutter eine umfangreiche Geschwulst diagnostiziert. Nachdem ich 15 Jahre lang sowohl als Lehrerin als auch Seminarleiterin im Gesundheitswesen tätig war, hätte ich nie geglaubt, dass mir so etwas passieren würde.

Ich dachte, ich hätte alles »richtig« gemacht; ich hatte bei zahllosen Seminaren und Therapiesessions eine Menge emotionaler und physischer Aufarbeitung geleistet und auf diese Weise zweifellos einen Großteil meiner emotionalen »Lasten« losgelassen. Physisch lebte ich alle Prinzipien, an die ich glaubte: Ich meditierte täglich, betrieb regelmäßig Fitness, aß unverfälschte, biologisch angebaute, vegetarische Kost, trank nur reines, gefiltertes Wasser und erfreute mich regelmäßiger Massagen und Körperarbeit. Doch wichtiger als alle diese Dinge war die Tatsache, dass ich mich erfüllt und innerlich im Frieden mit mir selbst fühlte: Ich war meinem Mann, mit dem ich seit 18 Jahren verheiratet war, in tiefer Liebe verbunden; unsere Kinder waren meiner Meinung nach mit gesunden und kraftspendenden Glaubenssystemen aufgewachsen und ich empfand meine Arbeit als über alle Maßen erfüllend und befriedigend – ich reiste um die ganze Welt und lehrte Tausenden von Menschen, wie sie perfekte Gesundheit erlangen können. Ich war ein lebendes Beispiel für alles, an was ich glaubte: Ich strahlte dynamische Lebenskraft und Gesundheit aus und fühlte mich auch genauso, innen wie außen. Daher hätte ich nie erwartet, solch eine riesige Geschwulst zu entwickeln.

Ich war zutiefst erschüttert und wurde auf eine tiefgreifende Heilungsreise katapultiert, die mich schließlich dazu brachte, mich einem emotionalen Problem zu stellen, das blockiert geblieben und jahrelang in meinem Körper gespeichert war. Indem ich jene alte Zellerinnerung freilegte und losließ, war mein Körper endlich in der Lage, seinen eigenen natürlichen Heilungsprozess in Gang zu setzen.

The »Journey« wurde aus meinem tiefen Wunsch heraus geboren, die Menschheit an der Gnade teilhaben zu lassen, mit der ich großzügig gesegnet worden war: Einen direkten Zugang zu unserer Seele zu finden, der uns hilft, alte, unterdrückte Zellerinnerungen aufzudecken, die dort gespeicherten Emotionen freizulegen und diese Probleme schließlich zu vergeben und endgültig loszulassen, damit unser Körper und unser innerstes Wesen mit dem natürlichen Heilungsprozess beginnen kann.

Im ersten Journey-Buch begleiten Sie mich auf meiner persönlichen Heilungsreise. Sie werden Schritt für Schritt durch den Körper-Geist-Heilungsprozess geführt, der aus meiner eigenen Heilungserfahrung hervorgegangen ist: Emotional Journey und Physical Journey. Und Sie werden immer wieder neu inspiriert, wenn Sie lesen, wie andere Menschen im Laufe ihrer eigenen Arbeit mit dem Journey-Prozess wahre Freiheit und Heilung gefunden haben.

Das Buch *The Journey* wurde unmittelbar nach seinem Erscheinen ein internationaler Bestseller. Bis heute haben es hunderttausende von Menschen überall auf der Welt gelesen, und was noch wichtiger ist, sie benutzen den Journey-Prozess in ihrem eigenen Leben mit vollem Erfolg. Mit der Emotional Journey haben unzählige Menschen ihre Probleme mit Trauer, Verlust, Verlassenwerden, Depression, Eifersucht, Enttäuschung, mangelnder Selbstachtung, sexuellen Blockaden, Furcht und Angst erfolgreich geklärt. Sie haben chronische Müdigkeit, Angst vor Kritik, langwährende Schuldgefühle, Probleme aufgrund erlittener Misshandlungen, Feindschaft und Wut bewältigt. Mit Hilfe der Physical Journey sind viele Menschen ganz natürlich von einer Vielzahl gesundheitlicher Probleme geheilt worden, einschließlich Allergien, akutem Asthma, Ekzemen, verschiedenen Krebsarten, Morbus Crohn, Myomen, Zysten, Sportverletzungen, Arthritis, Migräne und selbst ganz alltäglichen Erkältungen.

Es hat mich tief bewegt zu wissen, dass so viele tausende Menschen aus allen Lebensbereichen erfolgreich an ihren eigenen Heilungsreisen mitgearbeitet haben. Und es ist ebenso beglückend, die vielen Therapeuten, Ärzte und Heiler zu sehen, die ihren Klienten neben ihrer eigenen Behandlungsmethode den Journey-Prozess anbieten. Krebszentren, ganz normale Krankenhäuser, alternative Gesundheitspraxen, Ärzte, Krankenschwestern, Homöopathen, Heilpraktiker, Kinesiologen, Chiropraktiker, Physiotherapeuten, Massagetherapeuten, Ernährungsberater, Psychiater, Psychoanalytiker – Menschen in beinahe allen Heilbereichen, sowohl emotionaler als auch physischer Natur, haben den Journey-Prozess mit Begeisterung in ihre eigene spezialisierte Behandlungsweise integriert.

Das vorliegende Buch zeigt Ihnen neue Wege, den Journey-Prozess bei der Arbeit mit Kindern anzuwenden. Es ist eine Einladung an Sie, Ihrem Kind als Partner bei der Freisetzung seines Potenzials beizustehen, und ich hoffe von ganzem Herzen, dass es auch für Sie zu einem Katalysator für den Beginn Ihrer eigenen Heilungsreise wird.

Es ist an der Zeit, dass *wir alle* die Lampenschirme entfernen, die unser strahlendes inneres Licht verdecken.

Erster Teil

Inspirierende Geschichten von Kindern

1

Die Entdeckung unseres wundervollen Potenzials

Kürzlich erhielt ich den erschütternden Brief der tief besorgten Mutter eines achtjährigen Jungen namens Matthew. Seine Mutter Carla schrieb, dass die Schulleitung sich wegen ihres Sohnes an sie gewandt hatte. Er war mit seinen Leistungen hinter seine Klassenkameraden zurückgefallen. Er konnte sich weder auf eine Sache konzentrieren noch passte er im Unterricht auf, und oft hatte es den Anschein, dass er sich von den anderen Kindern zurückzog. Der Arzt hatte bei ihm ADS (Aufmerksamkeitsdefizit-Syndrom) und Legasthenie diagnostiziert, und wenn seine Lehrerin dies auch sehr bedauerte, war sie dennoch zu der Überzeugung gelangt, dass Matthew zu gestört war, um weiterhin eine normale Grundschule zu besuchen. Sie empfahl, ihn auf eine Schule für lernbehinderte Kinder zu schicken, da er begonnen hatte, den Rest der Klasse aufzuhalten.

Carla war fassungslos und entsetzt. Sie konnte und wollte einfach nicht glauben, dass ihr Sohn so »dumm« oder anormal war, dass er auf eine Sonderschule sollte. Es musste ein Irrtum vorliegen, eine Erklärung gefunden werden. Sie redete mit der Schulleitung und bat inständig darum, Matthew noch ein Halbjahr lang an seiner Schule zu lassen. Sie versprach, ihm täglich im Anschluss an die Schule Nachhilfeunterricht zu geben, und da sie selbst Physiotherapeutin war, würde sie ihren Sohn einer regelmäßigen Therapie unterziehen. Außerdem würde sie sich nach anderen Therapieformen umsehen, die vielleicht helfen könnten.

Nach einigem Zögern erklärte sich die Schulleitung mit Carlas Vorschlag einverstanden, allerdings mit der Vorgabe, dass – sollten Matthews Noten am Ende des Halbjahrs nicht deutlich besser geworden sein – sie sich gezwungen sähen, ihn an eine andere Schule zu verweisen, die vielleicht besser für ihn geeignet wäre.

Carla bemühte sich aus ganzer Kraft um ihren Sohn. Zusätzlich zu täglichen Nachhilfestunden nach der Schule versuchte sie es mit anderen Therapien, einschließlich ihrer eigenen Spezialität, der Kinesiologie. Matthews Noten wurden etwas besser – doch es reichte noch nicht. Carla bemühte sich verzweifelt, ihren Sohn zu erreichen und herauszufinden, was wirklich mit ihm los war. Sie wusste einfach in ihrem Innersten, dass er eine wunderschöne und intelligente Seele war. Er war immer ein waches, strahlendes Kind gewesen. Wenn bei ihm auch Legasthenie diagnostiziert worden war, bedeutete dies nicht, dass er dumm war. Für sie stand außer Frage, dass es irgendeine emotionale Blockade gab, die ihn zurückhielt. Er besaß ein solches Potenzial – sie hatte es gesehen, seit er ein Kleinkind war – manchmal zeigte sich dieses Potenzial, diese Brillanz, in den unerwartetsten Momenten. Doch sie hatte auch gespürt, dass irgendetwas ihn zurückhielt. Ihr war aufgefallen, dass Matthew oftmals sehr in sich gekehrt und isoliert zu sein schien, unerreichbar und nicht bereit, sich mitzuteilen. In diesen Momenten wusste sie einfach nicht, wie sie an ihn herankommen konnte, doch sie wollte ihrem Sohn mit all ihrer Kraft helfen, diesen Lampenschirm zu entfernen, der sein strahlendes Licht verdeckte.

Carla begann, inbrünstig zu beten. Sie hoffte inständig, einen Weg zu finden, zu ihrem Sohn durchzudringen. Zu jener Zeit fiel ihr zufällig *The Journey* in die Hände. Sie las das Buch in einem Zug von Anfang bis Ende durch – sie konnte es einfach nicht aus der Hand legen. Was sie da las, hallte tief in ihrer eigenen Weisheit wider. Es beschrieb detaillierte einfache und machtvolle Prozesse, um uns unserem wahren Potenzial zu öffnen und bot einfach anzuwendende und genau beschriebene Schritte an, emotionale und physische Blockaden zu entfernen, die unter Umständen dieses natürliche Potenzial unsichtbar machen. In ihrem Herzen wusste Carla, dass Matthew von dieser Arbeit profitieren könnte, falls er bereit war, mitzumachen. Und sie war begeistert, als sie im Anhang des Buches detaillierte Anleitungen für die entsprechende Arbeit mit Kindern fand. Sie dachte: »Was habe ich schon zu verlieren? Ich werde Matthew fragen, ob er bereit ist, es zu versuchen.«

Carla erklärte ihrem Sohn in kurzen Worten, dass die Kid's Journey wie ein magisches Märchen oder ein inneres Abenteuer ist, das uns in unserem eigenen Körper zu den emotionalen Blockaden führt, die dort gespeichert sind. Sie erklärte Matthew, dass der ganze Vorgang spielerisch und heilsam sein würde und fragte ihn, ob er es einfach mal ausprobieren wollte. Matthew zuckte mit den Schultern: »Klar, warum nicht?« Er wollte seiner Mutter eine Freude machen und hoffte vielleicht im Stillen, dass es helfen würde. Also schlug Carla die letzte Seite des Buches auf und begann, ihrem Sohn die dort beschriebenen Schritte vorzulesen. Zu dem Prozess gehört, dass der Reisende Zugang zu spezifischen »Zellerinnerungen« erlangt – einschränkenden Mustern, die sich in den Zellen unseres Körpers ablagern. Für Matthew war die Journey überraschend leicht. Er hatte kein Problem, sich zu fokussieren und aufzupassen, weil es sich so anfühlte, als würde er ein aufregendes Abenteuer oder eine tolle Gutenachtgeschichte hören. *Jeder* liebt eine gute Geschichte, vor allem Kinder.

Matthews eigene innere Weisheit schien ihn genau an die Stelle zu führen, wo sich seine emotionale Blockade befand. Sie geleitete ihn zu der spezifischen Zellerinnerung, an den Moment, wo die ursprüngliche »Abschottung« eingetreten war – im Alter von fünf Jahren, als er gerade angefangen hatte, lesen zu lernen. In seiner Erinnerung sah sich Matthew an seinen ersten Tagen in der Schule. Damals wussten weder seine Mutter noch seine Lehrerin, dass er eine akute Sehstörung hatte. Er konnte Dinge und Menschen in seiner unmittelbaren Nähe nur undeutlich sehen. Diese Weitsichtigkeit zeichnete sich schon in frühester Kindheit ab – wenn man etwas direkt vor seine Augen hielt, nahm er es nur verschwommen und unscharf wahr. Er erzählte seiner Mutter nie etwas davon, da er dachte, es sei normal, dass die Dinge eben so waren. Er hatte keine Ahnung, dass andere alles in ihrer Nähe mit kristallener Klarheit sehen konnten, und außerdem war es nie wirklich ein Problem gewesen, bis er in die Schule kam und aufgefordert wurde, seine ersten Buchstaben auf ein Blatt Papier zu schreiben.

Matthew brauchte unbedingt eine Brille, doch das wusste niemand: weder seine Mutter, noch seine Lehrerin, noch Matthew selbst.

Matthew versuchte immer wieder, den Buchstaben »A« zu schreiben und konnte nicht verstehen, warum er auf dem Papier immer so anders aussah. Auf der anderen Seite des Klassenzimmers hielt ein Freund sein Blatt Papier hoch – und das »A« darauf sah perfekt aus, genau wie das auf der Tafel. Doch als die Lehrerin zu Matthew kam, um zu sehen, was er geschrieben hatte, tadelte sie ihn und sagte, er solle es besser machen, genauer, mit mehr Konzentration.

Die Lehrerin, die neu und als Ersatz für die Klassenlehrerin eingesprungen war, fing am dritten Tag an, sich über Matthew zu ärgern. Warum gab er sich so wenig Mühe? All die anderen Kinder konnten den Buchstaben »A« schreiben. In ihrer Frustration riss sie das Blatt Papier aus seiner Hand und befahl ihn nach vorne vor die Klasse. Sie zeigte sein Blatt den anderen Kindern und sagte: »Schaut euch diese Seite an. Matthew ist so dumm, dass er nicht einmal den Buchstaben ›A‹ schreiben kann.« Alle

Schüler lachten, und für Matthew blieb die Zeit stehen. Er erstarrte. Er schaute in die Gesichter seiner Freunde, die lachten und sich über ihn lustig machten, und diese Demütigung brannte wie Feuer. Sein Gesicht wurde rot vor Scham und er spürte, wie ihm schlecht wurde; er konnte es keine weitere Sekunde mehr aushalten. Etwas in seinem Inneren machte dicht. Eine Mauer bildete sich: Er zog sich von allen zurück. Bald konnte er das Lachen nicht mehr hören, alles verschwamm vor seinen Augen; er wandte sein Gesicht ab und lief aus dem Zimmer.

Als ihn seine Mutter an diesem Nachmittag von der Schule abholte, war er ungewöhnlich still und als sie ihn fragte: »Wie war es heute in der Schule?«, sagte er nur: »Okay.« Er schämte sich zu sehr, als dass er seiner Mutter hätte sagen können, was passiert war. Jeder dachte, er sei dumm. Jeder, der ihm etwas bedeutete, hatte gelacht. Und jetzt fühlte er sich allem gegenüber wie betäubt, unfähig, eine Lösung zu finden. In seinem Inneren hatte sich eine Mauer aufgebaut. Er merkte, dass er verschlossen und ausgeschlossen war.

Nach diesem Erlebnis konnte er sich in der Schule nicht mehr länger auf irgendetwas konzentrieren. Es war ihm egal, was die Lehrerin sagte, und er wollte es nicht hören. Es spielte ja doch keine Rolle – er war dumm, warum sollte er sich also Mühe geben?

Drei Monate später wurde endlich festgestellt, dass Matthew eine Brille brauchte, doch zu diesem Zeitpunkt war der Schaden bereits eingetreten, und es würde nie mehr eine Möglichkeit für Matthew geben, sich in der Schule wirklich wohl zu fühlen und gerne zu lernen … bis er seine erste Journey machte. Danach war alles anders.

Genau wie Matthew haben die meisten von uns Erfahrungen in der Kindheit gemacht, mit denen wir damals nicht umgehen konnten. Ich bin sicher, dass Sie sich vorstellen können, wie leicht es ist, sich angesichts einer solchen Demütigung zu verschließen. Matthews Geschichte könnte unsere eigene sein. Vielleicht war es in Ihrem Fall nicht ein Blatt Papier, das vor der ganzen Klasse hochgehalten wurde. Vielleicht haben sich auf dem Spielplatz andere über Sie lustig gemacht oder Sie wurden nicht ins Fußballteam aufgenommen. Niemand hat uns je gezeigt, wie man mit diesen Problemen umgeht, und oft haben wir uns zurückzogen oder so getan, als mache es uns nichts aus, indem wir uns in unser Malbuch vertieften oder uns weigerten, mit den anderen Kindern zu spielen. Dabei fühlten wir uns furchtbar allein, fremd, ausgeschlossen und wussten nicht, wie wir diese Schmerzen loswerden oder wieder dazugehören konnten.

Im Laufe von Matthews Journey-Prozess trat nicht nur diese alte Erinnerung zutage, sondern er war in der Lage, sich endlich dem ganzen Schmerz der damals erlittenen Demütigung zu stellen, den er so lange mit sich herumgeschleppt hatte. Jetzt konnte er ihn loslassen. Er erkannte, dass seine Lehrerin nicht wirklich glaubte, er sei dumm; sie war einfach nur frustriert. Sie wusste nicht, dass er eine Brille brauchte; sie nahm an, dass er nicht aufmerksam genug bei der Sache war. Nachdem er endlich seine aufgestauten Schamgefühle empfunden und zum Ausdruck gebracht hatte, stellte er fest, dass er problemlos in der Lage war, zu vergeben. Seine Mutter machte den »Change Memory«-Prozess mit ihm, bei dem Matthew vor seinen inneren Augen noch einmal die alte Erinnerung ablaufen ließ, um dann bei einem zweiten Durchlauf zu sehen, wie es gewesen wäre, wenn er damals Zugang zu einer Vielzahl hilfreicher und gesunder emotionaler Ressourcen gehabt hätte. (Mehr darüber im 9. Kapitel.) Er erhielt viele imaginäre Ballons, die ihm die inneren emotionalen Mittel gaben, die er zum Zeitpunkt der Demütigung *gebraucht hätte.* Seine Mutter gab ihm einen Ballon des Selbstvertrauens, den er einatmete, bis er seinen ganzen Körper ausfüllte. Dann gab sie ihm eine ganze Reihe weiterer Ballons: Mut, einen Sinn für Humor, das Wissen, dass die Lehrerin einfach frustriert war, das Wissen, dass seine Freunde ihn alle liebten und nur lachten, weil sich die Lehrerin über ihn lustig gemacht hatte. Er erhielt Ballons voller gesunden Selbstwertgefühls, voller Liebe zu sich selbst und der Fähigkeit zu verstehen, was damals passiert war und was heute geschieht. Außerdem erhielt er einen Kristallkuppel-Ballon, der ihm erlaubte, sich in einen geschützten Raum zu begeben, so dass jeglicher Spott von ihm abrollen würde. Und schließlich bekam er noch einen Ballon voller selbstverständlicher Intelligenz und der Fähigkeit, auf seine Freunde zuzugehen und sich ihnen zu öffnen. Er atmete alle diese wunderbaren Qualitäten tief in sich hinein.

Als er dann die Erinnerung noch einmal vor seinen inneren Augen ablaufen ließ, dieses Mal mit Hilfe all seiner Ballons, war er in der Lage zu sehen, wie die Situation damals gewesen wäre, hätte er diese inneren Ressourcen zur Verfügung gehabt. Er sah, wie er vor die Klasse befohlen wurde, doch als die Lehrerin seine Schreibversuche kritisierte und lächerlich machte, rollte ihre Kritik einfach von ihm ab – er erkannte, dass seine Lehrerin nur schlechte Laune hatte und frustriert war; sie wusste nicht, dass er eine Brille brauchte. Als er in die Gesichter der anderen Kinder sah, wurde ihm klar, dass sie *mit* ihm lachten, nicht *über* ihn, und er selbst brach in glucksendes Lachen aus – er lachte über seine missglückten Schreibversuche und sagte, wie miserabel sie waren – und später machte er mit den anderen Kindern Witze darüber, während sie zusammen spielten.

Matthew wurde in seinem Journey-Prozess klar, dass die Lehrerin nicht begriffen hatte, dass er eine Brille brauchte – genauso wenig wie *er das selbst* zu jenem Zeitpunkt wusste. In der Erkenntnis, dass es sowieso keine Rolle spielte, da alle seine Freunde ihn mochten, egal ob mit oder ohne Brille, verzieh er seiner Lehrerin und den Kindern. Als seine Journey vorbei war (nach ungefähr 20 Minuten), öffnete er seine Augen und schaute seine Mutter mit einer Klarheit an, wie er sie seit Jahren nicht gehabt hatte.

An dem Freitag nach seinem ersten Journey-Prozess bekam er seine erste »Eins« und wurde im Laufe der nächsten paar Monate der beste Schüler in seiner Klasse.

Carla gab ihrer großen Freude Ausdruck, als sie mir schrieb und mich wissen ließ, dass Matthew wunderbare Fortschritte in seiner Schule machte – vorbei war es mit der Aufmerksamkeitsstörung, vorbei mit der Legasthenie.

So oft scheinen wir unsere Kinder auf die eine oder andere Weise abzustempeln und mit Etiketten zu versehen für ein Verhalten, das wir nicht verstehen. Wir stecken sie in eine Schublade, beschriftet mit einem Fehlfunktions-Syndrom und sehen sie von da an durch den Filter dieses Syndroms. Dabei vergessen wir die schönen, strahlenden Seelen, die sie in Wirklichkeit sind. Heutzutage ist es beinahe Mode geworden, Kinder mit einem Etikett zu versehen und sie medikamentös zu behandeln – so als würde ihre Ruhigstellung tatsächlich die Ursache ihres Problems beseitigen. Diese Vorgehensweise ist echt kriminell, und es ist wirklich traurig, dass wir in unserer Ignoranz versuchen, dieses Verhalten mit Drogen und stimmungsverändernden Chemikalien ruhigzustellen und damit den Charakter und die Persönlichkeit dieser unschuldigen Seelen verändern, wenn es in Wahrheit nur darum geht, einen emotionalen Block und vergrabene Emotionen aufzudecken, die überhaupt erst zum Entstehen dieser sogenannten »Syndrome« beigetragen haben.

Matthews Geschichte könnte ebenso gut Ihre eigene als auch meine Geschichte sein. Kürzlich war ich in Südafrika, wo The Journey von Lehrern in den Grundschulen benutzt wird. Nachdem ich vor 800 strahlenden Kindern gesprochen hatte, war ich auf dem Weg zum Parkplatz der Schule. Dort warteten Eltern in ihrem besten Sonntagsstaat; sie hatten sich offensichtlich extra frei genommen, um mich persönlich zu treffen. Sie standen da und warteten geduldig in der heißen afrikanischen Sonne, zusammen mit ihren drei hinreißenden Kindern, alle in gestärkten weißen Hemden und Schuluniformen.

Als ich auf die Mutter zuging, sah ich, dass sie Tränen in den Augen hatte. Sie sagte einfach nur: »Danke, dass Sie mir meinen Sohn Daniel zurückgegeben haben. Er war seinen Brüdern und seiner Schwester gegenüber so verschlossen und aggressiv und in seinem ganzen Verhalten so asozial geworden, dass wir nicht wussten, was wir mit ihm tun sollten. Seine Leistungen in der Schule wurden immer schlechter. Unser Arzt meinte, er hätte ADS und verschrieb ihm Ritalin, woraufhin sein Verhalten sich etwas besserte. Doch ich hatte meinen Sohn seit drei Jahren nicht wirklich *gesehen*. Wissen Sie, was ich meine? Es war, als sei er unter einer dunklen Wolke, und ich konnte ihn nicht erreichen. Doch nachdem Jayshree, seine Lehrerin, mit ihm den Journey-Prozess gemacht hatte – und zwar viermal –, wurde er seinen Geschwistern gegenüber so freudig und liebevoll, dass wir das Ritalin absetzten. Heute ist er gut in der Schule, und auf dem Spielplatz spielt er mit den anderen Kindern. Vor ein paar Wochen gewann er eine Auszeichnung für hervorragende Schulleistungen in *allen* seinen Fächern! Danke, danke, danke, dass Sie uns unseren Sohn zurückgegeben haben! Das ist alles, was wir Ihnen sagen wollten – Danke.«

Ich war überwältigt. Ich schaute nur in die Augen ihres Sohnes und sagte: »Er strahlt wie ein Diamant! Was für ein wunderbares Wesen. Jayshree ist eine phantastische Lehrerin – sie kümmert sich wirklich um ihre Schüler. Sie will wirklich das Beste in ihnen zum Vorschein bringen. Ich bin so glücklich, dass Ihr Sohn sich geöffnet und sie hereingelassen hat. Und dem Himmel sei Dank, dass er *sich selbst* hinausgelassen hat.«

Später erzählte mir Jayshree, dass sie einmal, als sie ihre Klasse in Geographie und dem Abbau von Bodenschätzen unterrichtete, die Kinder gefragt hatte: »Was glaubt ihr, wo wir Gold finden?« Niemand meldete sich. Dann sprang Daniel auf, mit hochgehaltener Hand, und sagte: »Ich weiß es!«

»So, Daniel, wo findest du Gold?«, fragte Jayshree.

»Im eigenen Herzen. Das ist der Ort, wo das wahre Gold liegt«, antwortete er.

Jayshree war von seiner Antwort tief berührt. Die einfache, unschuldige Weisheit von Kindern kann uns tatsächlich den Atem nehmen.

Hier ist ein Auszug aus dem Brief, den Daniels Mutter mir nach unserer Begegnung geschrieben hat:

»...Meine einzige Hoffnung bestand darin, dass er das Medikament nehmen würde, das seine Mitarbeit in der Klasse ermöglichte, damit er wenigstens einen Teil seiner Schularbeiten erledigen konnte und nicht sitzenbleiben würde. Die Droge half ihm, sich zu fokussieren und nicht in seine eigene innere Welt abzudriften. Außerdem war er mit dem Ritalin in der Lage, in einer geraden Linie zu schreiben, was ihm ohne das Medikament nicht möglich war. Allerdings wurde er sehr ruhig, zurückgezogen und sprach kaum ein Wort mehr. Er lachte nie und spielte nicht wie die anderen Kinder, und er sah immer so ernst aus, völlig uncharakteristisch für sein Alter und sein Wesen.

Dann schlug seine Lehrerin vor, er solle etwas Neues ausprobieren. Es hieß »The Journey« und hatte ihrer eigenen Familie geholfen. Und ich dachte, schaden kann es nicht, also versuchen wir es. Sie arbeitete mit ihm in der Klasse und dann jeweils zehn Minuten bei sich zu Hause. Darüber hinaus gab sie ihm spezielle Notizen über Motivation und Ermutigung, die er ständig las und in seiner Hosentasche bei sich trug. Zwei Wochen später setzte ich bei meinem Sohn das Ritalin ab! Er beantwortete Fragen in der Klasse, nahm am Sport teil, lachte, rannte herum – er war endlich wieder ein normales Kind!«

Da die Arbeit mit »The Journey« in so vielen Ländern so weit verbreitet ist, höre ich jede Woche diese Kindergeschichten, die mich dennoch immer wieder in ehrfurchtsvolles Staunen versetzen. Der Mut der menschlichen Seele und die Fähigkeit des Körpers und des inneren Wesens, heil zu werden, egal wie alt wir sind, ist immer wieder erstaunlich.

2

The Journey in den Schulen

Wir alle werden mit demselben phantastischen Potenzial geboren, doch leider scheint sich das Leben immer wieder darauf zu spezialisieren, dieses natürliche Strahlen zu verdecken, unser Genie unsichtbar zu machen, die uns angeborene Freude am Leben auszumerzen und unsere Liebe abzutöten. Dennoch spüren wir, dass direkt unter der Oberfläche wahre Größe liegt – wenn wir nur an sie herankämen! The Journey gibt uns dazu die nötigen Werkzeuge und Hilfsmittel – einfach nachzuvollziehende und anzuwendende Schritte, mit denen wir endlich jenes leuchtende Potenzial freisetzen können, damit es in unserem Leben ungehindert zum Ausdruck kommen kann, gesund und voller Freude.

In der Schule in Südafrika, wo ich vor der versammelten Lehrerschaft und 800 strahlenden Kindern einen Vortrag hielt, sprach ich davon, dass wir alle wie ein heller, leuchtender Diamant auf die Welt kommen, makellos, rein und strahlend. Wir betreten die Welt als eine strahlende Präsenz der Liebe und Freude, mit einem ungeheuren Potenzial, das in der Lage ist, alles und jedes zu kreieren. Doch durch die Traumata des Lebens hat es den Anschein, als würde dieser Diamant von Schichten einschränkender Muster verdeckt – zum Beispiel damals, als wir eine Prüfung in der Schule nicht bestanden; oder wie unser Bruder oder unsere Schwester uns vor unseren Freunden lächerlich gemacht haben; oder als wir vor lauter Scheu all die verkehrten Sachen zu unserem ersten Schwarm gesagt haben und er/sie uns einfach stehen ließ. In späteren Jahren war es vielleicht der Augenblick, wo wir unser erstes Bewerbungsgespräch hatten und uns so unbeholfen und töricht verhielten, dass wir den Job nicht bekamen; und noch später im Beruf, als wir einen folgenschweren Fehler begingen und dann so taten, als sei er nie passiert oder, noch schlimmer, tatenlos zusahen, wie ein anderer dafür verantwortlich gemacht wurde – Schicht um Schicht um Schicht wird unsere strahlende Leuchtkraft verdeckt, bis wir als Erwachsene vollkommen vergessen haben, dass es jemals einen strahlenden Diamanten in unserem Inneren gegeben hat. Stattdessen identifizieren wir uns mit all dem Mist, mit den Schichten, die unser inneres Leuchten verdecken.

Ich sagte den Kindern, dass genau das mit mir passiert war. Als Erwachsene hatte ich total vergessen, dass es in meinem Inneren einen herrlichen Diamanten gab. Stattdessen nährte ich meine Vorstellung von mir selbst aus all den Schichten, die ihn verdeckten ... bis ich eines Tages sehr krank wurde. Und ein Teil des wunderbaren Segens meiner Heilungsreise war, dass sie mich tief in mein Inneres trug, wo ich ein leuchtendes Strahlen entdeckte und erkannte, dass es schon immer dort gewesen war. Ich verliebte mich so sehr in dieses Licht, dass ich dafür sorgen wollte, dass es nie wieder durch irgendetwas verdeckt werden konnte. So begann ich einen Prozess der Entfernung sämtlicher Schichten, die dieses herrliche Licht vorher unsichtbar gemacht hatten. Im Laufe dieses Prozesses heilte nicht nur mein Körper vollständig, sondern ich hatte das Gefühl, als sei endlich mein *wahres* Ich in Erscheinung getreten. Endlich hatte ich den das Licht verdeckenden Lampenschirm gelüftet.

Dann fragte ich die Kinder: »Wieviele von euch wissen bereits von diesem Licht, das tief in eurem Inneren strahlt?« Achthundert Hände schossen alle auf einmal in die Höhe – einige Kinder riss es regelrecht von ihren Stühlen, so schnell streckten sie ihre Hände hoch. Dann fragte ich: »Würdet ihr gerne auf eine magische Reise mitten in das Herz dieses Lichts gehen – mitten in euren eigenen strahlenden Diamanten?«

Ein lautstarkes *»oh ja, bitte«* schallte mir entgegen, gefolgt von einem so lauten freudigen Lachen, dass eines der Kinder tatsächlich vor lauter Lachen vom Stuhl fiel, was natürlich noch mehr Lachen nach sich zog.

Nachdem es wieder ruhig geworden war, sagte ich mit verschwörerischer Miene: »Allerdings brauche ich dazu eure Hilfe. Damit wir uns auf dieses innere Abenteuer begeben können, müsst ihr wirklich gut aufpassen und voll mitmachen – sonst wird die Rektorin vielleicht ärgerlich mit mir!« Ich deutete mit einem Zwinkern in ihre Richtung. »Versprecht ihr mir alle, dass ihr ganz besonders gut aufpassen und mitmachen werdet, damit ich nicht in Schwierigkeiten komme?«

»Ja!«, kam die begeisterte Antwort, wobei einige Kinder einen schnellen Blick auf die Rektorin warfen, um zu sehen, ob sie damit einverstanden war.

Nachdem sich alle beruhigt hatten, begannen wir mit dem ersten simultanen Journey-Prozess für 800 freudige und enthusiastische Seelen im Alter von acht bis elf Jahren. Und was für eine wunderbare Zeit wir miteinander hatten! Den Kleineren fiel es manchmal ein wenig schwer, ihre Augen geschlossen zu halten. Sie blinzelten immer wieder, um zu sehen, ob die anderen es richtig machten, doch im Großen und Ganzen konnte ich feststellen, dass alles sehr gut verlief. Obgleich sie ihre Augen geschlossen hatten, waren die Gesichter der Kinder wunderbar animiert, und es war offensichtlich, dass sie meinen Anweisungen mit Begeisterung folgten. Einige der Kinder gestikulierten mit ihren Händen, so als hielten sie richtige Ballons, während andere murmelnd ihre »Lagerfeuergespräche« abhielten. Kinder sind so natürlich und offen. Sie wissen bereits um ihr eigenes inneres Licht, und es ist immer eine Freude, den Journey-Prozess mit ihnen durchzuführen. Am Schluss strahlten alle über das ganze Gesicht, und jeder schien seinen eigenen Prozess erfolgreich abgeschlossen zu haben.

Zehn Minuten später öffneten die Kinder ihre Augen, und alle *strahlten*! Sie sahen so hinreißend schön und leuchtend aus, dass ich spontan sagte: »Warum schaut ihr nicht gerade in die Augen desjenigen, der neben euch sitzt und sagt: »Du bist so ein schönes Wesen. Ich liebe das Licht in deinen Augen!« Viele der Kinder kicherten, während sie diese Worte sagten, aber sie alle sagten sie.

Jetzt war der Raum von Lachen erfüllt, doch während ich die Kinder beobachtete, erkannte ich, dass dies für viele von ihnen das erste Mal war, dass ihnen jemand so etwas sagte. Viele waren innerlich sehr berührt und genossen den Augenblick zutiefst.

Als die Versammlung vorbei war, wurde ich von einer stürmischen Welle von 800 Kindern überflutet, die alle ein Autogramm haben oder mich umarmen wollten. Ich wurde von allen Seiten umlagert! Ungefähr eineinviertel Stunden lang regnete es freudige Umarmungen, an denen sich alle meine Mitarbeiter beteiligten; ich gab Autogramme und wurde immer wieder gedrückt. Manchmal waren die einzelnen Schlangen mehr als 200 Kinder lang, die alle höflich darauf warteten, an die Reihe zu kommen. Jedes Kind wollte eine spezielle Botschaft ins Ohr geflüstert bekommen, bevor es in eine Ecke des Saales lief, um das Gesagte mit seinen Klassenkameraden auszutauschen. Das Ganze war das reinste Freudenfest.

Irgendwann bestand die geduldige Rektorin dann doch darauf, dass alle in ihre jeweiligen Klassenzimmer zurückkehrten. Einen Moment lang schien es, als ruhten wir alle in einer sanften, zeitlosen Ewigkeit, doch dann kamen die *Lehrer* einer nach dem anderen aus ihren Klassenzimmern, zeigten ihre Dankbarkeit und umarmten uns voller Wärme, bis die Rektorin ein Machtwort sprach und sowohl Lehrer als auch Kinder in ihre Klassenzimmer zurückkehrten.

Abschließend wurde mir gestattet, die Klasse zu besuchen,

die im Laufe des vorausgegangenen Jahres regulär mit dem Journey-Prozess gearbeitet hatte. Ich hatte bereits erfahren, dass ihre Lehrerin Jayshree Mannie und zwei andere Lehrerinnen ein Jahr lang Fallstudien gesammelt und die Kinder in drei Gruppen unterteilt hatten: eine Gruppe war nicht an dem Journey-Prozess beteiligt; eine Gruppe nur gelegentlich; und eine Gruppe führte die Journey-Arbeit jeden Freitagnachmittag durch. Am Ende des Jahres werteten sie die gesammelten Daten aus – und die Ergebnisse waren sensationell! Von den Schülern, die nicht am Journey-Prozess teilgenommen hatten, bestanden 67 Prozent die Abschlussprüfung. Von denjenigen, die nur gelegentlich mit dem Journey-Prozess gearbeitet hatten, bestanden durchschnittlich 76 Prozent die Prüfung. Und bei den Schülern, die jede Woche Journey-Work gemacht hatten, waren es durchschnittlich erstaunliche 91 bis 93 Prozent!

Ich war neugierig herauszufinden, was mit den Kindern auf *persönlicher* und nicht nur auf schulischer Ebene passiert war, also setzten wir uns zusammen und ich fragte sie, was sie in ihrem Inneren entdeckt hatten. Ein Mädchen sagte, dass sie Liebe in ihrem Inneren gefunden hatte und dass sie jetzt netter zu ihren Geschwistern war; ein Junge erzählte, dass er Mut und Verständnis gefunden hatte und jetzt bessere Noten schrieb. Ein anderes Mädchen sagte, dass sie das »Liebeslicht«, wie sie es nannte, in anderen Kindern sehen konnte. Als ich ihre Worte hörte, forderte ich alle Kinder auf: »Jetzt, wo ihr diese Liebe, dieses innere Licht aufgedeckt habt, wollt ihr versprechen, den anderen Kindern zu helfen, ihre Lichter von den Schirmen zu befreien, die sie verdunkeln? Werdet ihr ihnen helfen, ihren Mut zu entdecken, ihr Verständnis, ihre Freude, ihre Weisheit?« Alle versprachen von ganzem Herzen, zu einer Fackel zu werden und zu helfen, das Licht in den anderen Kindern zu entzünden.

Es war sehr bewegend, all dies von den Kindern zu erfahren, auch wenn ich bereits zahlreiche bewegende Briefe von den Kindern und von den Eltern dieser Kinder erhalten hatte, in denen sie schrieben, wieviel offener, liebevoller und umgänglicher ihre Kinder geworden waren und dass sie wesentlich freundlicher mit ihren Geschwistern umgingen. Natürlich freuten sie sich auch sehr über die schulischen Fortschritte ihrer Kinder. Hier sind ein paar Beispiele:

»Mein Sohn war in der Klasse zurückgeblieben und machte auch im Karate-Unterricht keine Fortschritte mehr, obwohl er ihn früher mit Begeisterung absolviert hatte. Ich hatte an einem Journey-Seminar teilgenommen und die Vorzüge der Journey am eigenen Leib erfahren, also wollte ich das Gleiche mit Winston versuchen. Ich hatte jedoch den Eindruck, dass die Tatsache, dass ich seine Mutter war, den Prozess eher behinderte, also brachte ich ihn zu Jayshree für eine Session, die 35 Minuten dauerte.

Zwei Tage später war mein Sohn wie verändert. Er zeichnete sich bei einer Karate-Meisterschaft aus und gewann einen Preis! Und was noch besser war, wenn im ersten Moment auch irritierend: Eine Weile später erhielt ich einen Anruf von seiner Schule und eilte voller Besorgnis hin. Die Lehrer sagten, dass sie verblüfft waren über Winstons Leistungen … Sie hatten seine schriftlichen Arbeiten immer wieder geprüft und schließlich festgestellt, dass seine Leistungen um 65 Prozent besser geworden waren und er jetzt zu den Klassenbesten gehörte, wo er doch noch vor kurzem einer der Schlechtesten gewesen war! Sie konnten diese rapide Veränderung weder verstehen noch war ich bereit, sie zu erklären! Ich hatte das Gefühl, dass es sich hierbei um ein privates Thema handelte und zog es vor, nicht mehr dazu zu sagen!

Heute ist Winston Klassensprecher, und wir alle sind stolz auf ihn. Privat mache ich regelmäßig den Journey-Prozess und schwöre auf seinen Erfolg!«

****

»Unsere Familie war von Tragödien heimgesucht worden. Wir hatten sechs Familienmitglieder durch Krebs verloren. Als eine weitere, sehr geliebte Tante starb, litt unsere Tochter Tanya sehr darunter. Ihre Schulleistungen gingen zurück, sie schlief schlecht, hatte Albträume und mochte nicht richtig essen. Meine Schwester kam mit ihren Kindern zu Besuch und erzählte mir von der Journey. Ich sah den Unterschied im Verhalten ihrer Kinder und beschloss, es mit Tanya zu versuchen.

Nach nur einer einzigen Session war Tanya wie verändert! Ihre chronischen Ohrenschmerzen waren weg! Sie aß mit gesundem Appetit, nahm zu und konnte wieder gut schlafen. Auch ihre Noten wurden wesentlich besser. Sie hatte in der Session darüber gesprochen, dass ihre Angst vor dem Tod so groß war, dass sie beschlossen hatte, das Leben lieber nicht mehr zu genießen, da wir alle sowieso bald sterben würden. Wegen der vielen Todesfälle in unserer Familie. Sie hatte diese Angst verinnerlicht und buchstäblich aufgehört zu leben!

Doch dank der Journey ist sie heute wieder ein normales, glückliches Kind!«

Jayshree Mannie führt die Journey-Arbeit weiterhin mit Kindern in ganz Südafrika durch. Inzwischen geht sie auch in die Gettos und arbeitet mit Sozialprogrammen wie »Life Line« sowie mit Gruppen für sexuell und physisch misshandelte Kinder. Sie lehrt auch andere Lehrer, den Kindern zu helfen, ihr leuchtendes Potenzial freizusetzen.

Wir alle sind Kinder. Unsere Körper und unser innerstes Wesen möchten nichts anderes, als dass wir genesen und endlich heil werden. Wenn wir auch nur einen einzigen Schritt in Richtung Gnade tun, macht die Gnade tausend Schritte auf uns zu.

3

Wie Sie zum Partner Ihres Kindes werden

Damit wir erfolgreich mit Kindern arbeiten können, müssen wir zuerst an uns selbst arbeiten. Wir müssen unsere Kinder *bereits heute* als vollkommen, frei, von Geburt an weise und schön betrachten. Wenn wir sie dann auf ihrer persönlichen und spirituellen Reise begleiten, helfen wir ihnen eigentlich nur, die Schichten der ihnen auferlegten Einschränkungen zu entfernen – die Lügen, die Verletzungen und emotionalen Blockaden, die ihr natürliches Potenzial verdecken. Dieses Potenzial muss nicht gewonnen werden, es ist bereits da, und es ist bereits frei – wir geben ihm lediglich die Möglichkeit, auf gute und freudige Weise ausgedrückt zu werden.

Oftmals kommen Eltern zu mir, die einfach nicht wissen, wie sie ihre Kinder erreichen können; sie scheinen emotional so ausdruckslos zu sein. Haben Sie das nicht auch schon erlebt? Ihr Kind kommt mittags nach Hause und Sie fragen: »Nun, wie war es heute in der Schule?«, dann lautet die Antwort oft: »Okay« oder »Gut«, nicht mehr und nicht weniger. Niemand hat diesen Kindern – oder auch uns selbst – erklärt, wie wir unsere Emotionen fühlen und ausdrücken können, daher besteht die am weitesten verbreitete Antwort bei Kindern jeden Alters in einem Schulterzucken und einem kargen Wort, das uns nichts sagt.

Haben Sie sich jemals im Stillen frustriert gefühlt, weil Sie nicht einmal mehr sicher sind, welche Fragen Sie überhaupt stellen sollen? Kennen Sie das Gefühl, dass mit Ihrem Kind vielleicht irgendetwas los ist, doch Sie können nicht genau sagen, was es ist? Ich bin sicher, dass alle Eltern früher oder später diese Erfahrungen machen.

Mein Mann Kevin und ich machten vor ein paar Jahren selbst diese Erfahrung. Kevins Sohn Mark ist ein hinreißender, engelsgleicher, hochintelligenter Elfjähriger. Er ist seit jeher brillant gewesen, hatte nie ein Problem Freunde zu gewinnen, war jüngeren Kindern gegenüber stets liebevoll und überall gern gesehen. Er war bei seinen Lehrern ebenso beliebt wie bei seinen Mitschülern und brachte stets erstklassige Noten nach Hause. Als er acht Jahre alt war, fiel uns irgendwann auf, dass er sich jedes Mal zu langweilen schien, wenn wir mit ihm in einen Vergnügungspark gingen. Da er kein übermäßig emotionales Kind war, machte uns seine Reaktion zwar keine großen Sorgen, aber nichtsdestotrotz – wenn man Kindern vorschlägt, nach Disneyland oder zu den Universal Studios zu fahren, stößt man in der Regel auf eine begeisterte oder überschwängliche Reaktion. Mark dagegen reagierte fast immer mit Gleichgültigkeit. Das schien irgendwie befremdlich, doch wie sollte man auf den Grund dieses eigenartigen Verhaltens vorstoßen? Wir wussten nie, was sich hinter seinem ruhigen Äußeren verbarg, bis Mark zum ersten Mal an einem Junior Journey-Seminar teilnahm und seine erste eigene Kid's Journey erlebte.

Junior-Journey ist ein vergnügliches Seminar für Kinder von acht bis elf Jahren, bei dem sie ihre innere Kraft und Schönheit kennenlernen. Die eintägige Veranstaltung ist vollgepackt mit Übungen, die Selbstvertrauen und Selbstachtung fördern. Jedes Kind macht eine private »Reise« mit einem ausgebildeten Journey-Therapeuten (bei diesen Seminaren haben wir einen Therapeuten für jeweils zwei Kinder). Es gibt eine »Schlafender

Elefant«-Meditation, die Kinder malen »Vorher-und-Nachher-Bilder« über ihre Journey-Arbeit und zum Schluss wird ein echtes Lagerfeuer veranstaltet, in das sie alle alten, einschränkenden Denkmuster oder an die Vergangenheit gebundenen Verhaltensformen hineinwerfen – und in der Regel werden danach Marshmellows geröstet. Die Kinder inszenieren spielerische Situationen, bei denen sie ihre Ressource-Ballons benutzen (Sie werden später mehr darüber erfahren), und sie beenden den Tag mit einem Spiel, das Selbstachtung und Selbstvertrauen fördert – wenn der Ball jemandem zugeworfen wird, muss derjenige in die Mitte des Kreises treten und der Reihe nach sagen alle Kinder dem Betreffenden, was sie an ihm am meisten mögen.

Die Reaktionen, die wir sowohl von den Kindern als auch von den Eltern bekommen, sind einfach phänomenal. Die meisten Kinder erfahren in diesem eintägigen Seminar tiefgreifende positive Veränderungen, und die Eltern sind von den Resultaten immer wieder begeistert.

Mark nahm zum ersten Mal an dem Programm teil. In der Regel empfehlen wir, dass Kinder ihre erste Journey nicht mit ihren Eltern, sondern mit einer anderen Person machen, da dem Kind auf diese Weise die gleiche Privatsphäre und Anonymität gewährt wird, die wir als Erwachsene auch gerne haben. Also würde Mark seine erste Kid's Journey mit einem der dortigen Therapeuten machen.

Wie die meisten Kinder, stürzte Mark sich begeistert auf den Tag (einfach weil es solchen Spaß macht!) und schloss sich schnell den anderen Kindern an. Als die Zeit für seinen Prozess gekommen war, entschied sich die leitende Therapeutin Sally dafür, mit ihm zu arbeiten.

Während seiner Journey ging Mark zurück zu einem Erlebnis, das er im Alter von sieben Jahren hatte. Wir waren mit ihm im »Legoland« und hatten ihn ermutigt, mit der kleinen »Drachen«-Achterbahn zu fahren. In Legoland ist das meiste auf kleine Kinder ausgerichtet. Als Mark zögerte, mit uns auf die

Achterbahn zu gehen, redete Kevin daher sanft auf ihn ein und versicherte ihm, dass es großen Spaß machen würde. Widerwillig gab Mark nach, und wir kauften uns drei Fahrscheine. Mark schien es gut zu gefallen, bis wir zum letzten Hügel kamen. Wir konnten fühlen, wie sich die Achterbahn langsam den Hügel hinaufschleppte, und als ich sah, wie steil es auf der anderen Seite hinunterging, dachte sogar ich: »Hm, ist ja schon ein bisschen hoch für kleine Kinder.« Doch es gab nichts, was wir tun konnten, also lachten wir einfach und drückten Mark enger an uns. Als wir in rasendem Tempo die andere Seite des Hügels hinunterdonnerten, wurde Mark ganz weiß im Gesicht und sah aus, als würde er gleich lachen oder weinen – wir konnten nicht sagen, was es sein würde. Kevin spürte Marks Ängstlichkeit und versuchte, ihm Mut zuzusprechen. Als wir unten ankamen und aus dem Wagen stiegen, beruhigte er Mark liebevoll und bestätigte ihm mehrmals, wie tapfer er sei und wieviel Spaß die Fahrt mit der Achterbahn trotzdem gemacht habe.

Weder Kevin noch ich hatten zu dem Zeitpunkt erkannt, dass Mark in Wahrheit schreckliche Angst hatte. Er war innerlich wütend auf uns, weil wir nicht von Anfang an auf ihn gehört und ihn praktisch gezwungen hatten, mit uns auf die Achterbahn zu gehen.

Im Laufe seiner Kid's Journey – an seinem »Lagerfeuer« – konnte er endlich seiner Wut über uns Luft machen. Er ließ den ganzen alten Zorn los und vergab uns dafür, dass wir nicht auf ihn gehört hatten. Als er fertig war, sprach er mit Sally, die uns dann auf seinen Wunsch hin ansprach, um uns wissen zu lassen, dass Mark in Zukunft bezüglich Achterbahnen seine eigenen Entscheidungen treffen wolle und darüber hinaus das Gefühl hatte, dass wir mehr auf ihn hören sollten.

Wow, waren wir überrascht! .... aber auch dankbar. Wir hatten keine Ahnung, dass dieses Erlebnis eine so starke Wirkung auf ihn gehabt hatte. Es schien eine solch harmlose Angelegenheit gewesen zu sein – eine dreiminütige Fahrt auf einer

Kinder-Achterbahn. Und dennoch deutete das Ganze auf etwas viel Umfassenderes hin: Nämlich dass wir Mark wirklich mehr zuhören, seine Bedürfnisse erkennen und respektvoller auf sie reagieren mussten.

Später, als Kevin allein mit Mark sprach, sagte er ihm, wie Leid uns die Sache tat und dass keiner von uns damals erkannt hatte, wie groß seine Angst gewesen war – und dass seine karge Kommunikation *vor* der Fahrt mit der Achterbahn uns im Dunkeln gelassen hatte darüber, was er wirklich fühlte. Kevin bat Mark, uns in Zukunft wissen zu lassen, wenn er sich fürchtete. Mark gab zu, dass er schüchtern gewesen war und uns nichts sagen wollte, doch er versprach, in Zukunft aufmerksamer auf sich selbst und seine Gefühle zu hören. Sollte er irgendwann wieder Angst haben, würde er uns Bescheid sagen. Im Gegenzug versprach Kevin, dass wir ihn nie zwingen würden, etwas zu tun, das ihm große Angst machte. Er versicherte seinem Sohn, dass er nie mit ihm irgendwohin gehen würde, wo es echte Gefahr gab; dass wir ihn dafür viel zu sehr lieben und dass wir ihn nicht zu etwas zwingen würden, was er wirklich nicht tun will. Außerdem versprach Kevin, sich zu bemühen, besser und offener hinzuhören. Mark stimmte zu, dass Kommunikation auf Gegenseitigkeit beruht – wenn man auch so manches richtig vermuten und annehmen kann, darf man nicht davon ausgehen, die Gedanken eines anderen lediglich aus seiner Körpersprache lesen zu können – man muss seine Gefühle auch formulieren.

Seit jenem Tag hat das Lernen nicht aufgehört. Um Mark innerlich zu stärken, ermutigen wir ihn immer noch gerne, sich seinen Ängsten zu stellen und etwas zu wagen, selbst wenn er sich fürchtet. Doch ist er seither nie mehr überredet worden, etwas zu tun, für das er sich nicht wirklich selbst entschieden hat.

Wenn wir heute zu Universal Studios oder nach Disneyland gehen, wählt Mark die Fahrten, die er machen will. Im letzten

Sommer in den Universal Studios gingen wir auf die gefürchtete »Jurassic Park«-Fahrt, die gruseligste aller Wasser-Achterbahnen, und Mark bat darum, *dreimal* fahren zu dürfen! Diese Achterbahn war seine liebste Fahrt im ganzen Vergnügungspark. Noch wichtiger jedoch ist, dass wir als Eltern lernen, Mark auf seiner Journey als *Partner* zu begleiten, anstatt ihm unsere Ideen darüber aufzudrängen, was das Beste für ihn sei, ohne auf seine Einwendungen zu hören. Wir alle lernen, besser zuzuhören und uns selbst klarer auszudrücken.

Ein Teil der Arbeit mit Ihren Kindern besteht darin, genau dies zu lernen: Wie Sie Ihren Kindern als Partner zur Seite stehen können, wenn sie sich auf ihre eigenen Erfahrungen einlassen, und wie Sie sie dabei unterstützen können, ihre eigene Wahrheit und ihre eigenen Antworten zu entdecken – eine Lektion, die zu lernen *uns allen* in *allen unseren* Beziehungen gut täte!

Kürzlich erzählte ich Marks Geschichte Gaby, einer unserer ersten ausgebildeten Therapeutinnen, die zwei Jahre vorher als Trainerin an einem Junior Journey-Programm teilgenommen hatte. Sie fühlte sich durch Marks Geschichte an einen Prozess erinnert, den sie mit einem außergewöhnlich stillen und scheuen Jungen gehabt hatte. Gerald schien lieber allein zu sein, was eher ungewöhnlich ist in dem interaktiven Kinder-Programm. Seine Einsamkeit berührte Gaby, und sie fühlte sich in ihrem Herzen als die richtige Person, um ihn bei seinem Prozess zu begleiten.

Unter Berücksichtigung von Geralds natürlicher Zurückgezogenheit begann Gaby den Prozess mit zärtlicher Sensibilität und Leichtigkeit. Bei der Kid's Journey stellt sich das Kind vor, wie es eine Treppe mit zehn Stufen hinuntergeht. Es weiß, dass jede Stufe es näher zu einem Ort der Sicherheit und Entspannung bringen wird und dass es auf der letzten Stufe in einen Ozean von Licht treten wird, in eine allumfassende Gegenwart von Frieden und Liebe. Gerald ließ sich sofort auf den Prozess ein; er liebte es, sich dem Frieden und der Liebe zu öffnen, und als er die letzte Stufe erreicht hatte, beschrieb er Gaby, dass er sich vor seinem inneren Auge glücklich und alleine auf dem warmen Sand eines Strandes sitzen sah und sich von der Sonne bescheinen ließ. Gaby fiel auf, dass er sagte, er sei alleine und fragte, ob er sich wohl fühlte in seinem Alleinsein. »Oh ja, ich bin sehr glücklich. Ich bin gerne allein.« Es hatte den Anschein, als sei er wirklich zufrieden, also fuhr Gaby mit dem Prozess fort.

Als Nächstes stellte Gerald sich vor, dass er durch eine Tür tritt, seine innere Begleiterin grüßt und sie beide gemeinsam in ein imaginäres Raumschiff steigen – ein magisches Gefährt, das sie sicher und elegant in jeden Teil des eigenen Körpers tragen kann. Es bringt uns genau an die Stellen, wo ein emotionales Problem gespeichert ist. Gerald liebte dieses Herumgleiten in dem Raumschiff, und es führte ihn mühelos zu einem Teil seines Körpers, wo eine spezifische Zellerinnerung gelagert war. Überraschenderweise fühlte sich die Erinnerung fast wie das Gegenteil der Strand-Szene an. Als er ungefähr dreieinhalb Jahre alt war, hatten ihn seine Eltern wohl in einer warmen Sommernacht zu einem Feuerwerk mitgenommen. Alle riefen »Ooh!« und »Aah!«, als die Explosionen in schneller Folge in den Himmel schossen, aber Gerald war es zu viel. Er sagte seinen Eltern immer wieder, dass er sich unwohl fühlte und nicht hier sein wollte, doch sie hörten nicht auf ihn. Da saß er nun im Dunkeln, ohne zu wissen, was als Nächstes passieren würde, und dann erschienen immer wieder plötzlich die blendenden Lichter, gefolgt von riesigen, donnerartigen Explosionen und aufgeregten Schreien, die von überallher tönten, ohne dass er die dazugehörigen Gesichter sehen konnte. Alles, wonach er sich sehnte, war ein warmer, friedlicher Ort, wo er seine Ruhe hatte. Er versuchte, seinen Gefühlen Ausdruck zu geben, doch je mehr er sagte, desto mehr forderten seine Eltern ihn auf, ruhig zu sein; sie setzten sich über sein Unwohlsein hinweg und neckten ihn zärtlich, doch nicht »so ein Baby« zu sein.

Vielen von uns mag dies wie eine völlig harmlose Erinnerung erscheinen. Sind wir nicht alle schon einmal dazu aufgefordert worden, den Mund zu halten, still zu sein? Ist uns nicht allen schon einmal auf die eine oder andere Weise gesagt worden, dass »Kinder gesehen, aber nicht gehört« werden sollten? Doch Gerald hatte große Angst; er befand sich in einem *extremen emotionalen Zustand.* Die lauten Geräusche und Schreie jagten ihm wiederholt schreckliche Angst ein und ihm wurde lediglich gesagt, er solle sich »nicht so anstellen«. Also zog er sich total nach innen zurück. Sein Körper erhielt die Botschaft: »Es ist nicht okay, diese Gefühle zu haben, und es ist absolut nicht okay, sie auszudrücken.« Also folgerte er: »Wenn es mir nicht erlaubt ist, meine Gefühle zu empfinden oder auszudrücken, dann bin ich lieber alleine. Dann ist niemand da, der angstmachende oder intensive Emotionen aufwühlen kann, und ich fühle mich in Sicherheit.« Mit dreieinhalb Jahren hatte Gerald ein Erlebnis gehabt, das die Art und Weise veränderte, wie er die Welt sah, und nicht nur die Welt, sondern auch seine eigene Persönlichkeit. In jenem Augenblick wurde ein Einzelgänger geboren.

Wir fragen uns oft, was ein Kind dazu veranlasst, so offen auf die Welt zuzugehen, und ein anderes, zögerlich zu sein und sich schnell zurückzuziehen. Häufig sagen Mütter und Väter ganz unschuldig: »Nun, sie war schon als Kleinkind so – es ist einfach ihre Persönlichkeit.« Jedoch kann ein solches »Sichverschließen« eine dermaßen tiefgreifende Wirkung haben, dass wir uns als Erwachsene später wundern, warum wir einfach nicht in der Lage sind, in intimen Beziehungen die Verbindung oder Nähe zu unserem Partner zu fühlen. Irgendwie können wir die Liebe für die andere Person in unserem Herzen spüren, doch scheint deren Liebe nicht bis in die tiefsten Tiefen unseres Inneren vorzudringen. Wir gehen auf Parties und fragen uns: »Wie kommt es, dass ich mich mitten in einer Menschenmenge so allein fühle? Ich kenne jeden hier, wir alle verstehen uns prächtig, jeder ist freundlich und liebevoll, und trotzdem fühle ich mich wie ein Außenseiter.« In solchen Fällen ist es gut möglich, dass dieses Muster auf ein frühkindliches Sichverschließen zurückzuführen ist, genau wie bei Gerald.

Vielleicht kennen Sie bereits die außergewöhnlichen Forschungen im Bereich der Zellbiologie, die in jüngster Zeit veröffentlicht wurden. Dr. Candace Pert, Autorin des Bestsellers *»Moleküle der Gefühle«*, ist eine bekannte Zellbiologin und arbeitet in Washington, DC. Bei diversen Gelegenheiten hat sie vor dem US-Kongress ihre Arbeit vorgestellt und über die erstaunliche Wirkung gesprochen, die *unterdrückte* Emotionen auf unsere Zellen ausüben. Dr. Pert hat jenseits aller Zweifel festgestellt, dass bestimmte chemische Veränderungen in unserem Körper stattfinden, wenn wir eine intensive, machtvolle Emotion unterdrücken oder uns verschließen. Diese Veränderungen können sich auf verschiedene Zellrezeptoren auswirken und so die entsprechenden Zellen daran hindern, mit anderen Zellen in unserem Körper zu kommunizieren. Falls diese Beeinträchtigung über einen langen Zeitraum bestehen bleibt, nimmt die Wahrscheinlichkeit zu, dass sich eine Erkrankung in dem Teil des Körpers manifestiert, wo sich die blockierten Zellrezeptoren befinden.

Dies kann vielleicht erklären, warum ein allem Anschein nach so harmloses Erlebnis wie das von Gerald eine dermaßen starke und langfristige Wirkung hatte: Die Zellerinnerung und ihre Programmierung wurden von einer Zellgeneration zur nächsten weitergegeben. Das tatsächliche Ereignis fand im Alter von dreieinhalb Jahren statt, doch das Muster und die Entscheidung, die Gerald aufgrund der unbewussten Erinnerung getroffen hatte, wirkten auch viereinhalb Jahre später noch ungehindert fort.

Die Verinnerlichung: »Mit anderen zusammen zu sein kann dazu führen, dass ich intensive und angsteinflößende Emotionen habe, und da es mir nicht erlaubt ist, diese Emotionen zu fühlen oder auszudrücken, bin ich lieber alleine« – dieses Bewusstsein, diese Programmierung wurde von einer Zellgeneration an die nächste vererbt.

Eine (ungewollte) negative Programmierung unserer Zellen erfolgt in einem Zustand besonders intensiver Emotionen, in dem wir *gleichzeitig* diese Emotion unterdrücken. Diese repressive Aktion ist es, die die chemischen Abläufe in Gang setzt und die Programmierung oder den Blockierungsprozess aktiviert. Genau das hatte Gerald erlebt – er hatte sich in einem extrem intensiven emotionalen Zustand befunden *und* seine Gefühle unterdrückt.

Darüber hinaus beobachtete Dr. Pert, dass immer dann, wenn wir unsere Emotionen auf gesunde Weise voll zum Ausdruck bringen, unsere Zellrezeptoren offen bleiben.

Der Journey-Prozess führt Sie auf sichere, sanfte und positive Weise zu *spezifischen* Zellerinnerungen, damit Sie endlich den dort gelagerten Schmerz fühlen und sich von ihm befreien, Ihre Geschichte und die Erinnerung loslassen sowie den daran beteiligten Personen vergeben können. Im Anschluss daran werden Ihnen positive, stärkende innere emotionale Ressourcen gegeben, damit Sie in Zukunft frei und bewusst mit dem Leben umgehen können.

Als Gerald mit seinem Prozess fertig war, hatte er sich nicht nur endlich all den intensiven Emotionen aus jener Erinnerung gestellt, sondern er hatte auch seinen Eltern von ganzem Herzen vergeben. Außerdem erhielt er eine Reihe von Ressourcen-Ballons, die ihm halfen, seinen Körper und sein ganzes Wesen auf neue Weise positiv zu programmieren. Einer dieser Ballons erlaubte ihm, sich wohl zu fühlen, selbst wenn es in seiner Nähe laut und aufregend ist, während ein anderer ihm half, sich in einer Menschenmenge sicher zu fühlen. Er erhielt Ballons des Mutes, des Selbstvertrauens, der Fähigkeit, mit anderen Kindern zu spielen, der Unbeschwertheit, der Freude und der Fähigkeit, seine Emotionen zu fühlen, sich klar auszudrücken und seine Gefühle im richtigen Moment seinen Eltern und Freunden mitzuteilen.

Nach seinem Prozess stellte Gaby fest, dass Gerald sich zu Beginn abseits hielt und nicht an dem teilnahm, was die anderen Kinder machten. Doch langsam und zögernd begann er, mitzumachen, und am Ende des Tages spielte er genauso wild und laut wie all die anderen Kinder. Bei dem »Monkey Rap«-Song, bei dem die Kinder sich gegenseitig zu lauter, fröhlicher Musik mit Affenbewegungen nachmachen, schüttete sich Gerald aus vor Lachen, während er als ein frecher Affe die Bewegungen eines achtjährigen Mädchens imitierte. Bis dahin war es Geralds Schicksal gewesen, ein Einzelgänger zu sein. Wer weiß? Vielleicht wird er von jetzt an der fröhliche Mittelpunkt jeder Party, ein leuchtender Stern in seiner Welt.

Liebe Brandon,

Mein Name ist Lindsay Wilson. Dieses Jahr werde ich 13. Ich bin ein Junge und habe 2002 das Junior Journey-Seminar mitgemacht. Das hat mir echt gefallen, denn als ich da war, habe ich neue Leute kennengelernt, Erwachsene und Kinder – Leute, die ich normalerweise nicht kennengelernt hätte. Den ganzen Tag lang konnten wir spielen und Spaß haben. Wir lernten jeden kennen und wie er sich fühlte.

Ich hatte die Gelegenheit, eine spezielle Journey zu machen, nur für mich. Es war wirklich toll, weil ich eine Menge Gefühle ausdrücken und viele der Probleme mit meinem Dad verarbeiten konnte. Heute, wo ich mit meinem Dad über meine Probleme spreche, kommen wir wesentlich besser miteinander aus.

Seit der Journey fühle ich mich viel besser als vorher, eine große Last wurde mir vom Herzen genommen und ich fühle mich frei, den Rest meines Lebens in Angriff zu nehmen. HURRA!

Heute verstehe ich mich gut mit meiner Familie und mit

meinen Freunden, und ich bin nicht mehr so wütend. Früher durfte mich niemand berühren oder anrempeln, ohne dass ich zornig wurde und denjenigen verprügelte – selbst wenn er sagte, es täte ihm Leid.

Heute kann ich ruhig bleiben und bin in der Lage, meiner Wege zu gehen, anstatt zu kämpfen.

Danke, dass du die Journey erfunden hast, damit andere Menschen so wie ich sich besser fühlen, sich entspannen und das Leben genießen können.

Ich bin so glücklich!!!

4

Der Umgang mit gesundheitlichen Problemen

Die Journey ist ein tief spiritueller, befreiender Prozess, der uns hilft, unser wahres Potenzial zu erkennen und freizusetzen. Er lässt unser *wahres* Selbst, unsere eigene innere Essenz in ihrer ganzen Fülle erstrahlen und beseitigt emotionale Probleme, negative Glaubenssätze, schädliche Gelübde – Einschränkungen jeder Art, die dieses natürliche Potenzial blockieren oder verdecken. Die Journey ist ein einfacher Prozess, der uns Schritt für Schritt in die Lage versetzt, mit den Verletzungen, Lügen und Umständen aufzuräumen, die uns davon abhalten, unser volles Potenzial zum Ausdruck zu bringen.

Die Journey ist ein Hilfsmittel zur Befreiung, ein Prozess der Erwachens, eine Arbeit, die Sie tief in Ihre Seele führt und alle dort angesammelten, einschränkenden Muster beseitigt. Es öffnet Sie für das Unendliche, für die grenzenlose Präsenz der Liebe, die Ihr leuchtendes Potenzial ist.

Der zweite Aspekt der Journey, für den sie ebenso bekannt, wenn nicht sogar noch bekannter ist, ist die Heilung.

Zu den segensreichen Erfahrungen meiner eigenen Heilungsreise gehörte, dass ich eine Möglichkeit entdeckte, Zugang zu unterdrückten Zellerinnerungen zu finden und sie komplett loszulassen, damit Körper und Seele beginnen können, sich auf natürliche Weise selbst zu heilen. Die Journey ist also nicht nur für die emotionale und spirituelle Befreiung gut – sie kann auch physisch heilbringend sein.

Zum damaligen Zeitpunkt waren bereits viele der medizinischen Forschungen im Bereich der Zellheilung veröffentlicht. Der angesehene Arzt Dr. Deepak Chopra, einer der führenden Köpfe im Bereich der Zellheilung, wollte herausfinden, warum manche Menschen entgegen aller Wahrscheinlichkeit ohne Medikamente oder Operation von ernsthaften Erkrankungen genesen. Er studierte die Fälle von Personen, die eine lebensgefährliche Krankheit überlebt hatten, um den Prozess zu entdecken, der für ihre Heilung verantwortlich war.

Nachdem er Hunderte (und schließlich Tausende) von Fallstudien gesammelt hatte, stellte er fest, dass die Überlebenden der verschiedensten Krankheiten nur zwei Aspekte gemeinsam hatten: Der erste war, dass sie alle durch einen Akt der Gnade, irgendein spontanes Ereignis oder eine spirituelle Erkenntnis, Zugang zu dem grenzenlosen Potenzial in ihrem Inneren gefunden hatten. Der zweite bestand darin, dass sie alle direkten Zugang zu den Zellerinnerungen erlangt hatten, die in dem Teil des Körpers lagerten, wo sich die Krankheit manifestiert hatte.

Heute wissen wir, dass die Zellen in unserem Körper sich in variierendem Tempo reproduzieren. Alte Zellen sterben und neue werden in verschiedenen Teilen des Körpers in unterschiedlicher Frequenz geboren. Haben Sie zum Beispiel schon einmal gemerkt, dass es ungefähr drei Wochen dauert, bis Ihre Sonnenbräune verblasst? Das liegt daran, dass die Hautzellen ungefähr drei Wochen brauchen, um sich zu regenerieren. Unsere Leber benötigt sechs Wochen, um sich zu erneuern, unsere Magenschleimhaut hingegen nur drei oder vier Tage. Beinahe unbegreiflich erscheint es, wie schnell sich unsere Augen erneuern: *Alle zwei Tage, manchmal auch schneller, haben wir komplett neue Augäpfel.* Ich konnte mir diese Tatsache nur schwer vorstellen, bis meine Mutter eines Tages zu einer Augenoperation ins Krankenhaus ging. Die Ärzte schnitten ihr Auge auf, führten eine Linse ein und nähten es wieder zusammen. Nur eineinhalb Tage später entfernten sie die schützende Augenklappe, und meine Mutter konnte alles deutlich sehen – so schnell reproduzieren sich die Augenzellen. Tatsächlich gibt es in diesem Moment in Ihrem Körper nicht eine einzige Zelle, die schon vor einem Jahr da war – Ihr Körper ist buchstäblich neu. Er erneuert sich kontinuierlich selbst.

Dr. Chopra jedoch stellte eine Frage, die zum damaligen Zeitpunkt niemand stellte: »Wenn es wahr ist, dass unsere Zellen sich ständig erneuern, wieso ist es dann möglich, dass zum Beispiel eine Leber, die im Januar mit Krebstumoren übersät ist, im Juni immer noch krank ist? Falls die Leberzellen sich alle sechs Wochen erneuern, wieso ist das Organ dann nicht vollständig geheilt?«

Er behauptete – und das wurde in der Zwischenzeit von neueren wissenschaftlichen Forschungen bestätigt –, in den degenerierten Zellen seien unterdrückte Zellerinnerungen gespeichert, ungelöste emotionale Traumata oder einschränkende Denk- und Verhaltensmuster. Bevor die entarteten Zellen absterben, geben sie ihre Programmierung, ihr Bewusstsein an die neugeborenen Zellen weiter. Auf diese Weise werden neue Zellen als exakte Replikationen der alten degenerierten Zellen kreiert. Die Zellerinnerung wird von einer Zellgeneration an die nächste weitergegeben.

Dr. Chopra stellte bei den Personen mit sogenannten »Spontanheilungen« fest, dass in dem Moment, wo sie sich dem grenzenlosen Potenzial öffneten, der unendlichen Weisheit des Körpers, dem Bewusstsein, das dafür verantwortlich ist, dass unser Herz schlägt und unsere Haare wachsen, und wenn sie Zugang zu den spezifischen Zellerinnerungen fanden und sie losließen, die Programmierung unterbrochen war und nicht an die nächste Zellgeneration weitergegeben wurde. Neue, gesunde Zellen wurden geboren, ohne die vorherige Programmierung. Das Resultat war Heilung auf der Zellebene.

Ich hatte viel über diese Forschungen gelesen und wusste jenseits aller Zweifel, dass zelluläre Heilung möglich war, doch bis zum damaligen Zeitpunkt *hatte uns noch niemand eine Methode dafür gezeigt!* Wie kann man zu seinem unendlichen Potenzial Zugang finden? Und wenn man ihn gefunden hat, wie findet man die richtige Zellerinnerung? Sie können so viele wissenschaftliche Fakten lernen, wie Sie wollen; Sie können sich alle bestehenden Theorien anhören, die es gibt – doch ist es eine Sache, eine Theorie zu kennen und zu verstehen, und eine völlig andere, eine praktisch anwendbare Methode zur Verfügung zu haben, die funktioniert.

Ich hatte damals mit meiner Ärztin die Vereinbarung getroffen, dass ich mich operieren lassen würde (was ihrer Meinung nach dringend notwendig war), sollte meine Geschwulst innerhalb der nächsten vier Wochen nicht auffällig kleiner werden. Natürlich ging der Gedanke an eine Operation gegen alles, woran ich glaubte und was ich über alternative Medizin gelernt hatte. Ich musste einfach ein wenig Zeit gewinnen, um auf natürliche Weise Heilung zu finden.

Nun, die dritte Woche meiner Heilungsreise war angebrochen. Bis zu diesem Punkt hatte ich alles getan, von dem ich wusste, dass es meinem Körper bei seiner Selbstheilung half: Ich hatte Kräuter und homöopathische Medikamente genommen; jeden zweiten Tag machte ich Darmreinigungen und ließ mich massieren; ich hatte mit verschiedenen Methoden zum Loslassen negativer Emotionen und mit NLP (Neuro-linguistisches Programmieren) gearbeitet; ich hatte meditiert; ich hatte meine Ernährungsweise so verfeinert, dass ich nur noch die reinsten Nahrungsmittel zu mir nahm, die es gab – hundert Prozent frisches, rohes biologisch-dynamisches Obst und Gemüse mit literweise frischgepressten Säften; ich hatte Enzyme genommen und kolloidale Mineralien – mit anderen Worten, ich hatte alles getan, was in meinen Möglichkeiten lag! Ich sah strahlend gesund aus, doch mein Bauch war immer noch hart wie ein Stein, so straff gespannt wie eine Trommel, und ich sah immer noch aus, als sei ich im fünften Monat schwanger.

Langsam begann ich zu verzweifeln und fürchtete, nie eine Möglichkeit zu finden, meine Zellerinnerungen anzuzapfen. *Ich wusste mit absoluter Gewissheit,* dass ein Teil meiner Heilung darin bestand, einen emotionalen Block aufzudecken, doch bisher hatte noch niemand einen entsprechenden »Reiseführer« herausgegeben.

Eines Tages lag ich wieder einmal auf dem Massagetisch und hatte noch immer kein messbares Resultat gesehen; ich fühlte mich als völlige Versagerin. Ich wusste nicht, wohin ich mich wenden sollte und mir fiel nicht einmal mehr ein, was ich noch fragen konnte. Ich hatte alles ausprobiert, was im Bereich natürlicher Heilung angeboten wird, doch der Erfolg war ausgeblieben. Ich tat mir selbst furchtbar Leid und war von Hoffnungslosigkeit überwältigt. Mir standen keine Möglichkeiten mehr offen. Ich hatte keine Antworten mehr, und Etwas in meinem Inneren gab einfach auf. Ich lag einfach da, voller Hingabe und mit meinem Latein total am Ende.

Unerwarteterweise begann ich zu spüren, wie sich der Raum mit einer greifbaren Präsenz des Friedens füllte. Es war, als läge ich in einem warmen Bad der Stille. In dieser Stille hörte ich mich selbst spontan beten: »Bitte lass mich irgendwie dahin geführt werden, diese Zellerinnerung aufzudecken und loszulassen. Bitte führe mich, damit ich geheilt werden kann.« Bewegungslos auf dem Massagetisch liegend, in der reinen Unschuld des Nichtwissens, was ich noch tun könnte, wurde ich *spontan direkt* in den Tumor geführt.

Was ich dort entdeckte, war eine alte, vertraute Erinnerung an einen Moment der Gewalt in meiner Kindheit. Sofort meldete sich mein denkender Verstand: »Diese Erinnerung *kann* es nicht sein! Du kennst sie ganz genau – du hast jahrelang Therapie gemacht, um diese alten Sachen loszuwerden. Alte Kamellen!« Doch während mein Verstand meinte: »Das hast du bereits erledigt«, schienen mein Körper und meine Seele zu rufen: »Nun, du *denkst* vielleicht, dass du es erledigt hast, aber offensichtlich stimmt das nicht.«

Also sagte ich mir: »Was habe ich zu verlieren? Selbst wenn es nicht die richtige Erinnerung ist, kann es nicht schaden, wenn ich noch mal daran arbeite, sie zu heilen.« Und ich fing an, so wie ich es gelernt hatte, mir die Situation anzuschauen und das Problem zu klären. Als ich damit fertig war, hatte ich das Gefühl, als sei ich an dem gleichen Punkt angekommen, den ich in den vergangenen Jahren schon mehrmals erfahren hatte: neutrales Akzeptieren. Ich beschloss, die Präsenz des Friedens im Raum zu fragen, ob ich jetzt geheilt sei, und als Antwort hörte ich innerlich nur ein Wort: »Nein.«

Noch einmal wurde ich in die Tiefen der Verzweiflung gestürzt. Ich wusste nicht einmal, ob ich die richtige Erinnerung ausgegraben hatte, doch selbst wenn es die richtige war, war sie ganz offensichtlich noch nicht geheilt, und ich hatte keine Ahnung, wie ich sie heilen konnte. In diesem Moment der Verzweiflung gab erneut etwas in meinem Inneren auf. Wieder einmal waren mir die Antworten ausgegangen, und ich wusste nicht, wohin ich mich wenden sollte. Und auch dieses Mal gab ich einfach den Kampf auf.

Als ich so dalag, begann ich zu fühlen, wie der Raum sich mit einer unermesslichen, faszinierenden Präsenz des Friedens füllte, und ein weiteres Gebet formulierte sich in mir: »Bitte hilf mir, dieses Problem zu lösen – ich weiß nicht, was ich noch tun soll.« Wieder lag ich still da, und wieder erhob sich aus der Stille ein einziges Wort: »Vergebung.« Ich wunderte mich: »Sollte dies vielleicht der Schlüssel sein? Es kann doch wohl nicht so einfach sein, oder doch? Nun, ich habe nichts zu verlieren.«

Und so begann ich, zu vergeben. In diesem Prozess der Vergebung erkannte ich, dass zwischen dem Akzeptieren von dem, was mit uns passiert ist, und der wahren Vergebung ein Quantensprung stattfindet. Dieses Loslassen in einem Gefühl der Vergebung war ein äußerst intensiver emotionaler Vorgang: Ich musste meinen Stolz loslassen, meine Schuldgefühle und meine Entrüstung – es zerbrach mir schier das Herz, doch nach und nach wurde mein Herz immer weicher und entkrampfte sich. Und schließlich vergab ich vollständig. In diesem Moment erkannte ich, dass die Geschwulst sich nie an mir festgeklammert hatte: *Ich* hatte mich *an ihr* festgeklammert! Dreißig Jahre der Schuld und Vorwürfe waren vorbei. Endlich hatte ich diese Geschichte losgelassen.

In den folgenden drei Wochen wiederholte ich den Prozess noch zweimal. Es ging jedes Mal mehr oder weniger um das gleiche Thema, doch ich schien verschiedene Facetten desselben Diamanten zu reinigen. Und mein Bauch wurde zusehends flacher.

Dreieinhalb Wochen später (ungefähr so lange, wie Gebärmutterzellen brauchen, um sich zu reproduzieren) ging ich ins Cedars Sinai Hospital in Los Angeles, wo man mich einer Vielzahl medizinischer Tests unterzog. Es wurden 43 Aufnahmen von meinem Uterus gemacht, und schließlich teilten mir die Ärzte mit, dass ich völlig gesund, tumorfrei und überhaupt in allerbester Verfassung sei. Ich fühlte mich wie der glücklichste Mensch auf Erden.

Mir war bewusst, dass der Himmel mich nicht nur mit meinem Leben und meiner Gesundheit, sondern auch mit der Anleitung gesegnet hatte, einen Weg zu finden, auf natürliche Weise zu heilen. Ich wusste in meinem innersten Herzen, dass dieses Geschenk nicht nur für mich gemeint war – es gehörte jedem, der ganzen Menschheit – und dass ich meiner Dankbarkeit unter anderem dadurch Ausdruck geben konnte, dass ich dieses Wissen und die entsprechenden Anleitungen weitergebe.

Im Laufe des darauf folgenden Jahres begann ich, mit vielen Menschen an allen möglichen sowohl emotionalen als auch physischen Problemen zu arbeiten. Klienten kamen mit Wutproblemen, Depression, nicht enden wollender Trauer, geringer Selbstachtung, lähmender Angst, chronischer und akuter Arthritis, Krebs, Morbus Crohn, chronischer Erschöpfung, Hautkrankheiten und vielem anderen mehr. Aus dieser Arbeit entwickelten sich schließlich zwei unterschiedliche Prozesse: die Emotional Journey zur Beseitigung emotionaler Blockaden, und die Physical Journey zur Heilung physischer Probleme und zum Loslassen von Erinnerungen, die in den Zellen des Körpers gespeichert sind. Ich war verblüfft und begeistert zu sehen, wie viele Menschen aus allen Lebensbereichen diesen Heilungsprozess erfolgreich absolvierten. Offensichtlich spielten weder das Alter der Betreffenden noch ihre Herkunft eine Rolle – jeder Einzelne schien in der Lage zu sein, sich seinem unendlichen Potenzial zu öffnen; jedem gelang es, sein inneres Licht zu entzünden und jedem war es möglich, die Ursache für das Problem aufzudecken, loszulassen, zu heilen und zu vergeben. Als Resultat setzte ihr Körper ganz automatisch den natürlichen Heilungsprozess in Gang.

Seit jener Zeit haben weltweit mehr als hunderttausend Menschen *The Journey* gelesen, und Zehntausende benutzen den Journey-Prozess als Teil ihrer Arbeit – Ärzte, Krankenschwestern und Heiler in den unterschiedlichsten Bereichen, von der Schulmedizin bis zur alternativen Heilkunde; er wird den Patienten in Krankenhäusern angeboten, in Rehabilitationsgruppen, alternativen Gesundheitszentren und Entzugskliniken. In einigen Krebskliniken wird der Journey-Prozess zusammen mit Chemotherapie angewandt. Homöopathen benutzen ihn. Physiotherapeuten benutzen ihn. Und natürlich führen zahllose Individuen ihn in ihren eigenen vier Wänden durch.

Überall auf der Welt haben Menschen die Journey-Arbeit in ihren eigenen Heilungsprozess übernommen bzw. in den von ihnen gewählten Heilungsweg integriert – sei er schulmedizinisch oder alternativ. Sie haben alles Mögliche geheilt, von Myomen bis zu Legasthenie; von Problemen bei der Empfängnis bis zu Akne und Magengeschwüren; von Krebs über Arthritis bis hin zu Depression und ganz alltäglichen Erkältungen. Sie haben alle Zellerinnerungen beseitigt, die mit Kindheitserkrankungen, Sportverletzungen, Allergien und Asthma in Verbindung standen – die Liste nimmt kein Ende.

Während Sie also Ihrem Kind als Partner bei seiner spirituellen Reise zur Befreiung seines leuchtenden Potenzials zur Seite stehen, kommt es sehr häufig vor, dass seine physischen Probleme sich ganz von selbst erledigen. Und das Wunderbare ist, dass sie die Kid's Journey zusammen mit jedem Heilungsprogramm anwenden können, dem sich Ihr Kind vielleicht zu dem Zeitpunkt unterzieht.

Gegenwärtig biete ich eine fünfmonatige Ausbildung zum Journey-Begleiter an. Hierbei handelt es sich um eine dynamische, intensive Folge von Seminar-Kursen mit sechs Programmen, wobei jedem Kurs Fallstudien folgen. Zum Schluss muss jeder Begleiter 35 Fallstudien präsentieren, bevor er als offizieller Journey-Begleiter zugelassen wird. Das Programm wurde bis heute von vielen im Gesundheitswesen tätigen Personen der unterschiedlichsten Bereiche absolviert, einschließlich Ärzten, Krankenschwestern, Drogenberatern und alternativen Heilern aller Art, sowie Priestern, Pfarrern und Mönchen, Sozialarbeitern, Lehrern und interessierten Menschen aus allen Lebensbereichen.

Ich möchte Sie dazu ermutigen, den Journey-Prozess neben dem von Ihnen gewählten Heilungsprogramm anzuwenden, neben Ihrer Karriere oder Ihrem Beruf, neben der von Ihnen gewählten Glaubensform, zusammen mit der von Ihnen gewählten Ernährungsweise. Die Journey-Arbeit lässt sich wunderbar integrieren und kann nicht nur von Erwachsenen, sondern auch von und mit Kindern aller Altersgruppen durchgeführt werden.

Es ist eine häufig beobachtete Tatsache, dass der Körper im Laufe der Journey-Arbeit automatisch mit seinem natürlichen

Heilungsprozess beginnt, wenn Sie alte einschränkende Muster und Zellerinnerungen loslassen. Wenn Sie sich den ungelösten emotionalen Problemen in Ihrem Leben stellen, können physische Symptome nachlassen oder völlig verschwinden, und Ihre allgemeine Gesundheit, Energie und Vitalität verbessern sich oft radikal. Seien Sie also nicht überrascht, wenn Ihr Kind nicht nur fröhlicher, freier, kreativer und sozial angepasster wird, sondern sich auch eventuelle physische Probleme auflösen.

Es gab vor einiger Zeit den Fall eines fünfjährigen Mädchens namens Raksha, die in einem Dorf außerhalb von Durban in Südafrika lebte. In dem herrlich warmen Klima, das dort das ganze Jahr über herrscht, verbringen die meisten Kinder viel Zeit draußen, wo sie im Gras mit den Haustieren spielen und es sich im Freien wohl ergehen lassen. Doch leider war es Raksha nicht möglich, unter der herrlichen südafrikanischen Sonne zu spielen, denn sie war gegen so viele Dinge allergisch, dass ihre Mutter Janaki sie gar nicht alle im Gedächtnis behalten konnte: Katzen, Hunde, Hühner, Gras, Pollen, Staub, Milben, Schokolade, Soya, Erdnüsse, Weizen – die Liste war endlos. Janaki klagte, dass es den Anschein hätte, als sei Raksha allergisch auf die ganze Welt – auf das Leben selbst. Die Ärzte hatten bei ihr chronisches und akutes Asthma diagnostiziert und gesagt, sie müsse für den Rest ihres Lebens Medikamente nehmen. Sie musste die meiste Zeit im Haus bleiben. Sie war untergewichtig, aß nur wenig und widerwillig und war im Umgang mit anderen sehr ängstlich und scheu geworden.

Eines Tages hatte Raksha in der Schule eine dermaßen akute Allergieattacke, dass sie einen Schlaganfall bekam und schnellstens ins Krankenhaus gebracht werden musste. In höchster Besorgnis fuhr Janaki sofort ins Krankenhaus, um bei ihrer Tochter zu sein. Die Ärzte waren hilfreich, aber unerbittlich: Sie hatten Rakshas Zustand stabilisiert, doch sie sahen keine Wahl – Raksha musste ab sofort und in Zukunft intensiv medikamentös behandelt werden. Als Janaki sah, wie viele Medikamente sie ihrer Tochter verschrieben, wurde ihr ganz schwach zumute. Sie konnte ihr kleines Mädchen einfach nicht mit einer solchen Unzahl von Drogen zuschütten. Es musste eine andere Möglichkeit geben!

Janaki hatte The Journey gelesen und durch den Journey-Prozess erfolgreich ihre eigene Akne geheilt, also dachte sie: »Was habe ich zu verlieren? Ich werde es einfach mal mit Raksha versuchen.«

Im Laufe des ersten Journey-Prozesses, den Janaki mit ihrer Tochter vornahm, deckte Raksha die Erinnerung an ein Ereignis auf, das ihr im Alter zwischen 18 Monaten und zwei Jahren widerfahren war. Damals musste Janaki ihre kleine Tochter der Obhut eines Kindermädchens überlassen, während sie ganztägig als Lehrerin an einer örtlichen Grundschule arbeitete. Anscheinend war das Kindermädchen nicht sehr erfahren, dafür aber umso strenger. Jedes Mal, wenn die kleine Raksha zur Gartentür lief und versuchte, sie aufzumachen, wurde das Kindermädchen ängstlich und versuchte, die Kleine zu kontrollieren. Sie hatte solche Angst, dass Raksha sich verletzen könne und dass man *sie* dafür verantwortlich machen würde, dass sie das kleine Mädchen streng ermahnte und sie sogar schalt, wenn sie nur in die Nähe der Tür ging. Doch, wie wir alle wissen, Kinder können oft aufreizend und hartnäckig sein, jedenfalls versuchte die kleine Raksha es jeden Tag aufs Neue, den Türgriff herunterzudrücken und rauszugehen. Sie war fasziniert von dem Gras, den Hühnern, den Hunden und Katzen. Sie liebte den Duft des Mangobaumes, und sie *musste* einfach unbedingt ins Freie. Das Kindermädchen wurde immer frustrierter und wütender, bis sie eines Tages in ihrer Wut die Kleine anschrie. Indem sie auf den Mangobaum deutete, sagte sie: »In dem Baum da draußen lebt ein böser schwarzer Mann! Wenn du jemals raus gehst, wird er dich mitnehmen, und dann frisst er dich auf!« Der kleinen Raksha stockte vor Angst der Atem. Sie fürchtete sich schrecklich und glaubte jedes Wort, das ihr gesagt wurde – wie es kleine Kinder eben tun.

Danach drohte das Kindermädchen jedes Mal, wenn die kleine Raksha in die Nähe der Gartentür ging: »Geh bloß nicht zu nahe an die Tür. Er wird dich zum Frühstück essen!« Es dauerte nicht lange, und Raksha zitterte und schluchzte allein bei dem Gedanken daran. Sie wollte nie mehr in die Nähe dieser furchtbaren Tür gehen, sondern schön brav und sicher im Haus bleiben. Schließlich wurde ihr sogar die Vorstellung schrecklich, mit ihren Eltern nach draußen zu gehen. Doch natürlich denkt keine Zweijährige daran, ihre Ängste zu verbalisieren – und weiß schließlich nicht *jeder,* dass der böse schwarze Mann da draußen ist? Also verinnerlichte Raksha ihre panische Angst und war in einem ständigen Zustand größter Furcht, wann immer sie auch nur in die Nähe der Tür kam, oder wenn sie das Gras roch, die Hühner gackerten oder die Hunde bellten – all dies erinnerte sie an den bösen schwarzen Mann.

Natürlich fiel Janaki auf, dass ihre Tochter eine ungewöhnliche Abneigung gegenüber der Gartentür hatte und das Haus nur ungern verließ. Sie empfand es als eigenartig, wusste jedoch nicht, was sie davon halten sollte.

Während Rakshas Journey-Prozess stellte sie sich nicht nur dieser alten Angst, sondern sie ließ endlich die ganze zurückgehaltene Wut, Frustration und Empörung los, die sie gegenüber dem Kindermädchen mit ihrem extrem kontrollierenden Verhalten sowie der verbalen Misshandlung empfunden hatte. In ihrem Change-Memory-Prozess erhielt sie Ballons des Mutes; des sicheren Wissens darüber, dass es ungefährlich ist und Spaß macht, draußen zu sein; der Fähigkeit, zu spielen, zu lachen und fröhlich zu sein; des Selbstvertrauens; der Fähigkeit, sich auszudrücken und so weiter. Und schließlich vergab sie dem bösen Kindermädchen dafür, ihr eine solch lähmende Angst eingeflößt zu haben.

Als der Prozess beendet war, nahm Janaki ihre Tochter mit

ins Freie, zeigte ihr den Mangobaum und erklärte ihr, dass alles nur eine schmerzliche Lüge gewesen war und dass es in Wahrheit draußen sehr schön sei. In der spirituellen Tradition ihres Stammes sei der Mangobaum ein heiliger Baum und einen bösen schwarzen Mann habe es nie gegeben.

Später sprach Janaki privat mit mir und erwähnte, wie schuldig sie sich fühlte, als sie den tränenreichen Bericht ihrer Tochter hörte. Sie sagte: »Ich hatte von Anfang an das Gefühl, als ob irgendetwas nicht stimmte, doch zu jenem Zeitpunkt wusste ich nicht, was ich tun sollte – ich hatte einen Vollzeitjob und *musste* Raksha tagsüber in die Obhut eines Kindermädchens geben. Ich bin so bestürzt über all das, was die Kleine durchmachen musste.« Ich empfahl ihr, eine Emotional Journey für Erwachsene zu machen, um ihr zu helfen, ihre eigenen Schuldgefühle zu bewältigen. Glücklicherweise nahm sie meinen Vorschlag an und seitdem ist die ganze Angelegenheit kein Problem mehr für sie.

Janaki wiederholte den Kid's-Prozess mit Raksha noch zweimal, um ganz sicherzugehen, und nur zwei Wochen nach dem Krankenhausaufenthalt *war Raksha vollständig geheilt. Sie hatte nie wieder eine Allergie.*

Heute, ein Jahr später, ist sie ein robustes, gesundes Mädchen, voller Energie und Lebensfreude. Sie spielt draußen mit den Hennen und Küken, Hunden und Katzen, rollt durchs Gras, spielt im Heu und tobt endlich sorglos und fröhlich mit den anderen Kindern in der Nachbarschaft herum. Janaki sagt, dass ihre Tochter heute alles isst und einen kräftigen, gesunden Appetit hat. Vor allem ist sie nicht länger ängstlich und scheu, sondern, in den Worten ihrer Mutter, »voller Spaß und Freude«.

Was wir uns als Eltern am meisten wünschen, ist Gesundheit und Wohlbefinden für unsere Kinder. Wenn physische Verletzungen oder Unfälle passieren, kommt uns in der Regel nicht der Gedanke, unserem Kind einen Journey-Prozess anzubieten.

Vielleicht fragen wir uns: »Wie sollte das wohl helfen? Wo ist die emotionale Verbindung zu dem, was passiert ist?« Wenn ein Kind mit seinem Fahrrad stürzt, sich ein Bein bricht oder sich am Kopf verletzt – wie könnten diese scheinbar zufälligen, *äußeren* Ereignisse im Zusammenhang stehen mit einem *inneren* emotionalen Problem oder einer Blockade? Und dennoch habe ich unzählige Geschichten von Kindern gehört, deren Heilung von einem Unfall oder einer Verletzung durch die Journey-Arbeit auffällig beschleunigt wurde.

Unter diesen Geschichten hebt sich eine ganz besonders hervor. Der achtjährige Robert war hingefallen und hatte sich den Arm gebrochen. Bald stellte sich heraus, dass sich in dem Knochen eine akute Entzündung gebildet hatte und die Prognose des Arztes war erschreckend: Sollte diese schwere Infektion nicht innerhalb der nächsten paar Wochen abheilen, gäbe es keine andere Möglichkeit, als den ganzen Arm zu amputieren. Roberts Mutter Ellen begann verzweifelt, eine Möglichkeit zu suchen, die erforderliche Heilung herbeizuführen oder zu beschleunigen. Sie wandte sich an eine Therapeutin und Heilerin, von der sie wusste, dass sie auf Reiki spezialisiert war.

Wie es der Zufall wollte, hatte Sandra, die Reiki-Heilerin, gerade die erste Hälfte unseres Zulassungsprogramms für Journey-Begleiter absolviert. Nachdem sie sich den Bericht über Roberts Zustand angehört hatte, meinte sie, es sei vielleicht sinnvoll für ihn, sich einem Kid's Journey-Prozess zu unterziehen. Für Ellen war es unvorstellbar, dass ihr Sohn seinen Arm verlieren sollte, daher war sie sowohl dankbar für Sandras Vorschlag als auch offen dafür, alles zu versuchen, was ihm vielleicht helfen könnte.

Sehr häufig integrieren Heiler der verschiedensten Ausrichtungen die Journey in ihre Behandlungsweise. In diesem Fall verband Sandra ihre Reiki-Heilungsarbeit mit dem Prozess der Kid's Journey.

Hier ist der vollständige Bericht der Therapeutin über das, was bei Roberts Heilungsprozess stattfand. Die Namen wurden geändert, um die Privatsphäre der Beteiligten zu schützen, doch es handelt sich hierbei um einen Bericht aus erster Hand:

Robert ist acht Jahre alt und lebt mit seiner Mutter und Schwester in Devon. Seine Mutter sagt, dass er sowohl Erwachsenen als auch Kindern gegenüber oft wütend und verbal und physisch aggressiv ist. Im September 2001 stürzte er und brach sich den Arm. Der Arzt legte ihm einen Gips an. Dies schien jedoch seine destruktiven Anwandlungen in keiner Weise zu beeinträchtigen.

Im Dezember des gleichen Jahres, eine Woche bevor sein Großvater starb und es daheim deswegen emotional sehr anstrengend war, stieß er in der Schule seinen Arm an und begann darüber zu klagen, dass der Arm ihm wehtat. Als seine Familie sich in Birmingham auf das Begräbnis seines Großvaters vorbereitete, erwähnte er zum ersten Mal, er habe jetzt eine Schwellung in seinem Arm über der Stelle, wo er gebrochen war. Seine Mutter ging mit ihm in die Notaufnahme des nächsten Krankenhauses, und nachdem die Ärzte seinen Arm geröntgt hatten, hielten sie es für besser, ihn über Nacht im Krankenhaus zu behalten. Sie begannen sofort, ihm intravenös Antibiotika zu verabreichen und diagnostizierten eine akute Osteomyelitis, eine Infektion des Knochens und Knochenmarks. Er musste sich einer siebentägigen intensiven intravenösen Antibiotika-Therapie unterziehen, bevor er mit einer Batterie oraler Antibiotika nach Hause entlassen wurde, zusammen mit der düsteren Warnung, dass er wahrscheinlich seinen Arm verlieren würde.

Ende Februar fragte mich seine Mutter, ob ich ihm eine Heilung mittels Handauflegen geben könnte, da sein Arm nicht besser wurde. Ich schlug ihr die Journey-Therapie vor, kombiniert mit dem Handauflegen. Am Anfang widersetzte sich Robert dem Gedanken an die Kid's Journey, doch schließlich hielten wir uns einen Nachmittag frei, um es zu versuchen. Ich erklärte ihm die Grundsätze des Journey-Prozesses für Kinder und versicherte ihm, dass seine Mutter nichts von dem erfahren würde, was gesagt wurde. Sollte er von sich aus seiner Mutter von dem Prozess erzählen wollen, wäre das seine Entscheidung. Erst als er dies hörte, war er bereit, es zu versuchen.

Es fiel ihm überraschend leicht, sich auf die Journey einzulassen. Schon nach kürzester Zeit sah er das Raumschiff und konnte es kaum erwarten, sich auf die Reise zu machen. Ich fragte ihn, wer sein innerer Begleiter sei, und als er sagte, es sei seine Mutter, fragte ich ihn weiter, ob er an jemanden denken könnte, den er als wirklich besonders empfand, zum Beispiel einen Helden oder einen Engel. Er wählte eine Pokemon-Figur, von der ich noch nie gehört hatte. Auf dem grünen Knopf in seinem Raumschiff stand »Osteomyelitis« – sein Wort. Das Raumschiff brachte ihn zu seinem verletzten Arm, wobei er beschrieb, dass es sich »echt verrückt da drin anfühlt«. Er sagte, es sei sehr heiß und dunkel, und dass er sich außerhalb des Knochens befand. Also suchte er nach einer Tür, fand sie und ging in den Knochen hinein.

In dem Knochen war alles ganz hell, »so hell, dass es einen blendet«, und extrem heiß und stickig. Er sah ein Loch in seinem Arm und spürte die Hitze, die dort heraustrat, was ihm ein sehr eigenartiges Gefühl gab. Als er hinunter auf seine Füße schaute und sah, welche Schuhe er trug, fand er sich selbst als Vierjährigen in der Vorschule wieder. Es war ein heißer Tag, und seine Lehrerin hatte ihm nicht erlaubt, etwas zu trinken, daher fühlte er sich stickig und unangenehm heiß, und er war wütend, dass die Lehrerin ihn nicht trinken ließ.

Robert durchlief den Change Memory-Prozess ohne Probleme – es fiel ihm leicht, Ballons zu finden. Er wollte einen Ballon, um sich stark zu fühlen, einen mit einer Stimme, um gehört zu werden, einen Ballon für Spaß und einen, um zu wissen, dass alles okay war. Als er die Szene jetzt noch einmal vor seinen inneren Augen ablaufen ließ, hörte seine Lehrerin wirklich auf seine Bitte nach einem Glas Wasser, ließ ihn so viel trinken, wie er wollte, und Robert spürte, dass er dieses Mal überhaupt keine Wut empfand. Während des Lagerfeuer-Prozesses (bei dem die Kinder die Chance haben, das zu sagen, was sie zum Zeitpunkt der Erinnerung gerne gesagt hätten und wo sie alle nicht ausgedrückten Emotionen zum Ausdruck bringen und auf diese Weise endlich vergeben können) sprach Robert kurz mit seiner Lehrerin, sagte ihr, dass sie hätte auf ihn hören sollen. Dann konnte er ihr ohne Schwierigkeiten vergeben.

Als er nach dem Lagerfeuer erneut seinen Arm anschaute, sagte er, dass er nicht länger heiß und das Loch kleiner geworden sei. Ich beendete den Prozess, indem ich eine halbe Stunde meine Hände auf seinen Arm legte, und er ging nach Hause. Ich habe meine Heilung durch Handauflegen mit der Journey kombiniert, da ich glaube, dass die energetische Heilung den Prozess beschleunigt und ihm erlaubt, das zu tun, was er tun muss.

Ich habe Robert seitdem nicht mehr gesehen, doch seine Mutter ist total begeistert und sagt, dass sich sein ganzes Verhalten radikal geändert hat. Heute ist er viel ruhiger, und seine Aggressionen sind so gut wie verschwunden.

Einen Monat später ging Robert wieder zu dem Arzt im Krankenhaus, der ihn behandelt hatte. Nach dem Betrachten der neuen Röntgenbilder gab der Arzt seiner Verblüffung über die erstaunliche Heilung Ausdruck. Er wandte sich an Roberts Mutter und sagte: »Was haben Sie mit ihm gemacht? Es gibt nicht das geringste Zeichen dafür, dass der Arm jemals gebrochen war, ganz zu schweigen von einer Infektion.« Er fügte hinzu, dass lediglich ein winziger dunkler Fleck übrig geblieben sei, doch dass es keine Spur einer Infektion mehr gäbe.

Vor kurzer Zeit erzählte mir meine gute Freundin Zoë, dass ihr fünfjähriger Sohn Lee zwei Tage, bevor er in einer Schulaufführung mitspielen sollte, sehr krank geworden war. Er hatte eine Erkältung und grippeähnliche Symptome, und je näher der Termin der Aufführung rückte, desto schlimmer wurden seine Symptome. Zoë begann sich Sorgen zu machen, dass Lee nicht in der Lage sein würde, an der Aufführung teilzunehmen, und dieser Gedanke stimmte sie traurig, denn der Kleine hatte sich mit so viel Eifer in seine Rolle gestürzt. Voller Begeisterung und Aufregung hatte er nur noch über die Aufführung gesprochen, und sie wusste, dass es für ihn von größter Wichtigkeit war, seine Rolle zu spielen und dass es ein schwerer Schlag für ihn sein würde, wenn er nicht dabei sein könnte. Nach einer Probe sprach Lees Lehrerin unter vier Augen mit Zoë. Sie sagte: »Mir ist aufgefallen, dass Lee große Angst davor hatte, seinen Text zu vergessen. Ich glaube, er macht sich selbst vor lauter Angst ganz krank.«

Glücklicherweise fuhr diese kluge Lehrerin fort, ihm gut zuzureden, und ihre Worte gaben ihm den Mut, nicht aufzugeben, trotz aller Erkältungssymptome. Am Tage der Aufführung stellten alle Anwesenden fest, dass er ein beachtenswertes schauspielerisches Talent hatte, und Lee war begeistert darüber, dass er sich so fehlerlos an seinen Text erinnert hatte. Innerhalb einer Stunde nach der Aufführung waren alle seine Symptome *vollständig verschwunden.* Die Lehrerin erklärte Zoë, dass das beste Gegenmittel zur Angst darin besteht, sich der Angst zu stellen und sie zu verarbeiten, und dass sie Lee weiterhin aktiv dazu ermutigen würde, bei Schulaufführungen mitzuspielen.

Seit jenem Tag hat sich herausgestellt, dass er eine natürliche Begabung für die Schauspielerei hat.

Es freute mich sehr, Zoës Geschichte zu hören, denn wir nehmen uns häufig nicht die Zeit, bestimmte Fragen zu stellen. Wenn Ihr Kind eine Erkältung oder die Grippe hatte, haben Sie einer Freundin oder einem Verwandten nicht immer wieder solche Sachen gesagt wie, ein Virus geht in der Schule um, nach dem Motto: »Ich glaube, Sarah hat ihn von Julie übernommen. Sie hat die ganze Woche mit einer Erkältung im Bett gelegen.« Wir suchen im Außen danach, wo sich der Betreffende die Krankheit »geholt« haben könnte, und es fällt uns nicht ein zu fragen: »Wenn meine achtjährige Tochter krank ist, warum ist ihre sechsjährige Schwester dann nicht auch krank? Schließlich schlafen sie beide im selben Zimmer.«

Ich glaube mittlerweile, dass wir manchmal eine innere Umgebung kreieren, ein Bewusstsein, das eine »Einladung« darstellt, krank zu werden. Wir verausgaben uns emotional, und dann neigen wir dazu, diese Erschöpfung durch physische Symptome oder Krankheit zum Ausdruck zu bringen. Mütter und Väter aus aller Welt berichten mir, wie schnell nach einem Kid's Journey-Prozess Erkältungs- und Grippesymptome nachlassen oder völlig verschwinden.

Vor einigen Jahren nahm ein Junge am Junior Journey-Programm teil, der so heiser war, dass er kaum sprechen konnte. Seine Nase lief ständig und er krächzte seine Worte heraus, als hätte er eine Kehlkopfentzündung. Seine Mutter entschuldigte sich und sagte, dass Jamie regelmäßig Halsprobleme bekam und dass sie ihn nie in diesem Zustand zum Seminar gebracht hätte, wenn sie sich nicht selbst für das Abundance Retreat für Erwachsene angemeldet hätte, das gleichzeitig mit dem Kinder-Seminar stattfand. Da alles irgendwie auf den letzten Drücker passiert war, hatte sie einfach so schnell keinen Babysitter finden können, und sie hoffte, dass mit Jamie alles gut gehen würde.

Der achtjährige Jamie war einer der ersten in jenem Seminar, der mit Hilfe einer ausgebildeten Therapeutin einen Kid's Journey-Prozess durchlief. Sein Prozess war einfach und direkt. Er ging sofort in seinen Hals, der »kratzig und rau war wie Sandpapier«. Die Zellerinnerung, die er aufdeckte, stammte von einem Erlebnis, das er im Alter von fünf Jahren hatte. Er war mit seiner Familie in den Ferien in Spanien und hatte auf einem belebten, offenen Markt seine Mutter verloren. Er war zu Tode erschrocken und fürchtete, sie würde ihn nie wiederfinden. Schließlich kam ein Polizist auf den weinenden Jamie zu und versuchte, in gebrochenem Englisch mit ihm zu reden, bis nach einer Ewigkeit, wie es Jamie schien, seine Mutter auf ihn zugerannt kam und sie beide wieder vereint waren. Jamie fühlte sich schlecht, weil er nicht an der Seite seiner Mutter geblieben war, und im Geheimen schämte er sich, dass dieses Erlebnis ihm solche Angst gemacht hatte. Er dachte, sie würde vielleicht glauben, er sei noch ein Baby oder würde ihn ausschimpfen, und so schluckte er die angestaute Angst herunter, die sich dann in seinem Hals festsetzte. Er war zu Tode erschrocken gewesen, hatte aber nie jemandem davon erzählt.

In seinem Journey-Prozess erlebte Jamie nicht nur endlich noch einmal die ganze angestaute Angst und ließ sie los, sondern er fand darüber hinaus einen wesentlich besseren Weg, in Zukunft mit ähnlichen Situationen umzugehen. Im Laufe des Change Memory-Prozesses erhielt er Ballons des Selbstvertrauens, des Mutes, der Selbstachtung, des Vertrauens, der Fähigkeit, um Hilfe zu bitten, des Wissens, dass seine Mutter zurückkommen würde und des tieferen Wissens darüber, dass seine Mutter ihn mehr als das Leben selbst liebte und bis ans Ende der Welt gehen würde, um ihn zu finden, egal was passiert.

Als er die Szene noch einmal mit all seinen neuen, inneren Ressourcen durchlief, sah er deutlich, wie er in Zukunft mit einer solchen Situation viel angstfreier und angemessener umgehen würde. Er verstand, dass es hilft, wenn er seiner Mutter seine Emotionen mitteilt, und er begriff auch, wie sehr sie ihn liebte. Er lernte, zu vertrauen und um Hilfe zu bitten, wenn er Hilfe brauchte.

Nach seinem Lagerfeuer-Prozess vergab er sowohl seiner Mutter als auch sich selbst dafür, dass er verlorengegangen war, und als er zurück in seinen Hals ging, um sich die raue, sandige Oberfläche seiner Kehle anzuschauen, sah alles rosa, glatt und gesund aus. Er fragte seinen Hals, ob er irgendeinen Rat für ihn parat habe, und erhielt die Antwort, dass er in Zukunft darauf vertrauen sollte, dass ihm nichts passieren wird, dass er offen ausdrücken sollte, was er fühlt – und dass es an belebten Orten vernünftig ist, nahe bei seinen Eltern zu bleiben.

Jamie stimmte zu, seiner eigenen tiefsten Weisheit zu folgen, und als der Prozess beendet war, war es auch mit seiner Heiserkeit vorbei. Die Worte kamen klar und deutlich aus seinem Mund. Er hatte nicht mehr das Gefühl, als würde ihn irgendwas würgen oder ihm die Luft nehmen. Am nächsten Tag hatte er keine Triefnase mehr und seine Erkältung war spurlos verschwunden. Ich habe Jamies wahre Geschichte als die Grundlage für den Märchen-Prozess bei der Kid's Journey genommen, über die Sie in einem späteren Kapitel dieses Buches mehr erfahren werden.

In jenen Tagen fand die Junior Journey gleichzeitig mit dem Abundance Retreat-Seminar für Erwachsene statt, was bedeutet, dass die Kinder ihr Seminar in einem Teil des Gebäudes hatten, während die Erwachsenen am Ende des Ganges in einem anderen Raum waren. Wie immer luden wir die Kinder am Sonntag nach dem Mittagessen ein, sich zu den Erwachsenen zu gesellen, ihnen ihre »Vorher«- und »Nachher«-Zeichnungen zu zeigen und einen amüsanten Lagerfeuer-Sketch aufzuführen, komplett mit Ballons und bunt bemalten Gesichtern. Die Kinder zeigten stolz ihre Zeichnungen her, und ich hatte das Gefühl, als würden die Erwachsenen die unterschwelligen Botschaften verstehen: Transformation kann eine vergnügliche Sache sein, leicht und fröhlich – man muss keine harte Arbeit daraus machen!

Jamies Mutter war verblüfft zu sehen, dass das »chronische Halsproblem« ihres Sohnes verschwunden war, und sie war ungeheuer stolz auf die Rolle, die er bei dem Lagerfeuer-Sketch spielte.

Der sechsjährige Oliver hielt seine »Vorher«- und »Nachher«-Zeichnungen in die Höhe, und das »Nachher« sah genau wie eine Muschel aus. Einem Arzt, der an dem Abundance-Retreat teilnahm, stockte schier der Atem, als er die Zeichnung sah. Er fragte, ob er mit dem Kind reden dürfe, ging dann auf Oliver zu und sagte: »Dies ist ein anatomisch korrektes Bild der inneren Ohrmuschel – du hast doch nicht etwa schon in deinen jungen Jahren Anatomiestunden gehabt?«

»Was für Stunden?«, fragte Oliver. »Ich bin einfach nur da reingegangen (er zeigte auf sein Ohr) und da drinnen habe ich diese Muschel gefunden. Zuerst sah sie ganz schmuddelig aus, aber jetzt ist sie ganz sauber und strahlend.« Er zeigte dem Arzt die von ihm gezeichneten Lichtstrahlen, die auf dem »Nachher«-Bild aus der Muschel kamen, so als würde das alles erklären.

Jeder lächelte über die Unschuld des Kleinen. Wir alle waren voller Ehrfurcht darüber, wie machtvoll die Weisheit des Körpers ist und mussten uns eingestehen, wie natürlich das Ganze sein kann.

Zuweilen werden Ihre Kleinen anatomisch korrekte Bilder dessen malen, was sie in ihrem Inneren sehen. Zu anderen Zeiten meldet sich die Seele auf eine poetischere Weise zu Wort oder in einer Metapher, und die Bilder werden mehr eine Repräsentation dessen sein, wie es sich innen *anfühlte*. In jedem Fall ist es ein außergewöhnliches Erlebnis zu sehen, wie unsere Kinder in lebendiger Farbe den Teil ihres Körpers, den sie besucht haben, graphisch genau wiedergeben.

Wenn es um die Heilung von Jugendlichen im Rahmen der Junior Journey geht, empfehle ich fast immer, dass sie zuerst das ursprüngliche Journey-Buch lesen, um dann – sollten sie sich zu der Arbeit hingezogen fühlen – am vollen Journey-Intensiv-Wochenende teilzunehmen.

Vor einiger Zeit war ich in Auckland, Neuseeland, wo ich das erste Journey Intensiv-Wochenende leitete. Danach kamen eine hübsche Siebzehnjährige und ihre Mutter zu uns, um mir und den Trainern von ihrer außergewöhnlichen Heilungsgeschichte zu berichten. Ein Jahr zuvor hatte Yoki unter furchtbaren Kopfschmerzen gelitten, und als die Ärzte mittels eines Enzephalogramms ihr Gehirn untersuchten, entdeckten sie einen Gehirntumor bei dem jungen Mädchen. Yokis Mutter war außer sich vor Sorge und verzweifelt bemüht, ihrer Tochter auf jede nur erdenkliche Weise zu helfen – und wie es so oft in solchen Situationen der Fall ist, landete mein Buch *The Journey* in ihrer Hand. Sie las es von der ersten bis zur letzten Seite und bat ihre Tochter, es auch zu lesen. Als Yoki das Buch zu Ende gelesen hatte, legte sie es beiseite und ließ ihrer Mutter ohne Umschweife wissen, dass sie von dem Tumor genesen würde. Begeistert über die Möglichkeit, ihrer Tochter bei der Heilung helfen zu können, schlug die Mutter die letzten Seiten des Buches auf, auf denen der Prozess detailliert beschrieben wird. Während der folgenden Monate absolvierten Mutter und Tochter gemeinsam mehrere Prozesse.

Als die beiden zu dem Wochenend-Seminar erschienen, waren sie ganz stolz – Yoki war drei Tage vorher zu einer erneuten Gehirnuntersuchung ins Krankenhaus gegangen, bei der die Ärzte festgestellt hatten, dass es keine Spur mehr von dem Tumor gab. Für Yoki schien dieses Ergebnis total natürlich zu sein, als hätte sie nichts anderes erwartet. Sie war sich absolut und unerschütterlich sicher gewesen, dass sie gesund werden würde.

Bei dem Journey Intensiv-Wochenende erhielten sowohl Yoki als auch ihre Mutter zusätzliche tiefgreifende Instruktionen, wie sie die Journey-Arbeit in *allen* Aspekten ihres Lebens benutzen konnten. Während ich die beiden beobachtete, er-kannte ich, dass jetzt die Mutter diejenige war, die den Prozess dringend brauchte; sie hatte sich so große Sorgen um ihre Tochter gemacht, und es war eine riesige Erleichterung für sie, endlich ihre Ängste und emotionalen Belastungen abzulegen. Am Ende des Seminars hatten sowohl Yoki als auch ihre Mutter strahlende Gesichter.

Manchmal, wenn unsere Liebsten sich in ihrem Heilungsprozess befinden, ist das Beste, was wir als ihre Partner tun können, unsere eigenen emotionalen Probleme, Ängste und die Last, sich verantwortlich zu fühlen, abzulegen, damit wir den anderen umso freudiger, offener und umfassender unterstützen können.

Wenn Ihr Kind oder ein Familienmitglied einen Heilungsprozess durchläuft, empfehle ich Ihnen dringend, das Gleiche zu tun. Es ist belebender, Teil des emotionalen Klärungsprozesses zu sein, als nur ein besorgter Beobachter, der am Rande steht. Wir alle haben Probleme, die wir klären müssen, und in der Journey öffnen wir uns tief der unendlichen Präsenz des Friedens in unserem Inneren. Selbst frei sind wir aus jener grenzenlosen Liebe heraus besser in der Lage, andere in ihren Bemühungen zu unterstützen, frei zu werden.

Sie haben nichts zu verlieren, außer einigen Ihrer eigenen emotionalen Lasten, und – wer weiß – vielleicht werden im Verlauf des Prozesses auch manche Ihrer eigenen physischen Probleme zu heilen beginnen.

Hi, ich heiße Ella und bin zehn Jahre alt. Ich hatte ein Problem, als meine Mami die Grippe bekam. Ich bekam Angst vor etwas, das ich nicht kannte und wurde ganz unsicher. Die Journey hat mir geholfen, indem sie mir Mut machte, nicht so ängstlich oder unsicher zu sein, sondern zu wissen, dass meine Mutter wieder gesund wird. Nach der Journey habe ich mich so leicht wie ein Gummiball gefühlt und war froh, dass ich mein Problem verscheucht hatte.

Ella

5

Probleme mit Tod und Verlust

Wir denken meistens nicht daran, dass Kinder schon so tragische Ereignisse wie den Tod eines geliebten Menschen erfahren, doch fast jeder von uns hat in seiner Kindheit schon einmal eine flüchtige Begegnung mit dem Tod gehabt – entweder ist ein entfernter Verwandter gestorben oder es stirbt jemand in der Familie eines Freundes oder sogar jemand, der uns nahe stand, wie ein Bruder, eine Schwester oder ein Elternteil. Autounfälle passieren, Menschen erkranken an unheilbarem Krebs, verunglücken beim Sport, und manchmal muss eine Familie sogar mit einem Selbstmord fertig werden. Doch irgendwie betrachten wir diese Probleme als etwas, das wir »vor den Kindern verstecken« müssen – »Sag den Kindern nichts, sie müssen vor diesen schrecklichen Dingen geschützt bleiben. Sie haben nicht die emotionale Reife, um so etwas zu verstehen. Es wird sie zu sehr traumatisieren.« Es ist beinahe so, als sei der Tod tabu, etwas, über das nur hinter verschlossenen Türen geflüstert wird. Dieses Verhalten hinterlässt bei Kindern den Eindruck, dass mit dem Tod etwas nicht stimmt, dass man die natürlichen Gefühle von Verlust oder Trauer nicht fühlen sollte und dass man auf keinen Fall darüber sprechen darf.

Wenn ich dieses Verhalten bei Kindern bemerke, schaue ich mir meistens die Eltern an, um zu sehen, was wirklich los ist. Oft sind es die Eltern, oder *ein* Elternteil, die nicht mit dem

Konzept des Todes klarkommen – sie haben ungelöste Probleme in ihrem Inneren, und sie versuchen, ihre Kinder davor zu schützen, sich mit Dingen auseinandersetzen zu müssen, denen sie sich selbst nicht zu stellen wagen. Sie versuchen, das Ganze unter den Teppich zu kehren, doch meistens ohne Erfolg.

Der Tod ist ein natürlicher Teil des Lebens, mit dem Kinder regelmäßig konfrontiert sind: Die Fliege oder der Käfer liegt zappelnd auf dem Rücken, offensichtlich im Todeskampf, und plötzlich hört das Insekt auf, sich zu bewegen, und die Mutter sagt: »Es ist tot. Wir müssen es aufkehren und wegwerfen.« Pflanzen welken und sterben, und häufig kommt es vor, dass ein Haustier aufgrund seines Alters oder eines Unfalles stirbt. Ein Kind findet am Morgen einen Goldfisch, wie er mit dem Bauch nach oben auf dem Wasser dahintreibt. Hamster und Kaninchen haben eine besonders kurze Lebensspanne, und wenn sie gestorben sind, begraben wir oder unsere Kinder sie oft im Garten.

Selbst wenn wir versuchen, unsere Kinder vor den schlimmsten Nachrichten zu schützen, kommt der Tod dennoch in Comics, Märchen, Videos und Computerspielen vor; Zeitungen und Magazine berichten über den Tod, und Kinder hören, wie die Eltern am Telefon darüber sprechen. Der Tod ist überall, und dennoch wollen Eltern so häufig ihre Kinder vor diesem unvermeidlichen und sehr natürlichen Teil des Lebens »beschützen«. Indem wir dies tun, erklären wir unsere Kinder für unfähig, mit dem Thema Tod umzugehen. Ich kann Ihnen gar nicht sagen, wie viele Journey-Prozesse ich mit Erwachsenen durchgeführt habe, deren Lagerfeuer-Gespräche damit zu tun hatten, die verzehrende Wut darüber loszulassen, dass der Tod eines geliebten Menschen entweder unter den Teppich gekehrt oder irgendwie verniedlicht wurde. Sie sagen oft, dass es ihnen so vorkam, als dürften sie all das nicht fühlen, was sie zu dem Zeitpunkt gefühlt haben, weil das Ganze so verheimlicht wurde und niemand mehr darüber sprach. Diese Vorgehensweise kann die schlimmste Form von Unterdrückung sein.

Ich höre immer wieder Aussagen wie: »Mir wurde nie eine Möglichkeit gegeben zu trauern«, »Niemand hat mir je erklärt, was passiert ist«, »Ich fühlte mich so beraubt«, »Man hat mir nie die Chance gegeben, mich zu verabschieden oder offene Themen mit ihr zu erledigen.« Bei den Lagerfeuer-Prozessen wird klar, dass es die Eltern waren, die nicht mit dem Verlust umgehen konnten und daher ihre Ängste unter dem Vorwand des Beschützenwollens auf die Kinder projizierten, damit sie selbst sich nicht mit der bestürzenden Tatsache des Todes auseinandersetzen mussten.

Der Versuch, unsere Kinder vor den natürlichen Zyklen des Lebens zu schützen, macht es schwieriger für sie, wenn sie eines Tages tatsächlich mit dem Verlust eines lieben Menschen konfrontiert werden.

Ich erinnere mich noch genau an einen sehr anrührenden Fall zu diesem Thema. Ich war in ein fröhliches, angeregtes Gespräch mit einem wunderhübschen fünfjährigen amerikanischen Mädchen namens Casey vertieft, und sie fragte mich, wie es bei mir Zuhause aussieht. Ich sagte ihr, dass ich in England wohne, in einer Stadt namens Windsor, wo eine richtige Königin in einem herrlichen alten Schloss residiert, und dass es dort sehr schön ist. Ich beschrieb das Schloss in allen Einzelheiten und sagte, dass die Enkel der Königin im nahegelegenen Eton zur Schule gingen und dass dies eines ihrer Lieblingsschlösser sei, weil sie dort in der Nähe ihrer Enkelkinder ist und sie sehen kann. Ich erklärte Casey, dass eine besondere Flagge auf dem Schloss gehisst wird, wenn die Königin dort weilt, und ich versprach – sollte sie mich jemals besuchen kommen –, ihr das Schloss zu zeigen. Als sie dies hörte, fragte sie mich auf ihre unschuldige Art: »Lebt die Prinzessin auch da?«

»Nein«, antwortete ich einfach und ehrlich. »Die Prinzessin ist vor zwei Jahren bei einem Autounfall gestorben.«

Caseys Mutter, normalerweise eine unkomplizierte und tief

spirituelle Frau, wurde blass und gab mir mit dringenden Zeichen zu verstehen, ich solle aufhören, über das Schloss zu sprechen. Verwirrt befolgte ich ihre Anweisung, während sie hartnäckig gestikulierte, dass sie mich unter vier Augen sprechen wollte. In einem leidenschaftlichen Flüsterton sagte sie: »Wir sprechen nicht über solche Dinge. Casey ist viel zu jung, um mit dem Konzept des Todes umgehen zu können. Wir versuchen, sie vor solch angsteinflößenden Themen zu bewahren.«

»Aber der Tod ist ein natürlicher Teil des Lebens. Er passiert ständig überall um uns herum.«

»Sie ist zu jung, um zu hören, wie über solche Dinge gesprochen wird. Als Prinzessin Diana starb, haben wir den Fernseher ausgeschaltet und keine Magazine und Zeitungen nach Hause gebracht. Wir wollten vermeiden, dass unsere Tochter solche aufwühlenden Nachrichten hören muss.«

»Wurde denn in der Schule nicht darüber gesprochen? Man hörte es ständig in den Nachrichten – sicher haben die anderen Kinder etwas erwähnt?«

»Nein – die meisten Mütter in unserer Schule kamen überein, den traurigen Vorfall nicht in Gegenwart der Kinder zu erwähnen. In meinem Haus lasse ich die Kinder nie irgendwelche gewalttätigen Fernsehsendungen anschauen, nicht einmal Cartoons. Ich lese ihnen auch keine Märchen vor, die ein schlechtes Ende nehmen – wenn die Prinzessin im Märchen stirbt, sage ich Casey, dass sie schlafen gegangen ist. Ich ändere die Geschichten immer um, sobald Gewalt darin vorkommt. Ich bin in dieser Beziehung sehr hartnäckig; ich glaube einfach nicht, dass Kinder in so jungen Jahren mit dem Tod in Berührung kommen sollten. Das Leben ist hart genug. Sie sind so unschuldig; es sollte ihnen gestattet sein, eine Weile länger in diesem Zustand zu verbleiben.«

Ich wusste, dass zwei Jahre zuvor eine ihrer Katzen gestorben war und fragte mich im Stillen, wie Caseys Mutter ihr wohl diese Situation erklärt hatte.

In mancher Hinsicht stimme ich durchaus mit Caseys Mutter überein. Auch ich bin der Überzeugung, dass Kinder nicht der rohen Gewalt ausgesetzt sein sollten, die ein Merkmal der meisten Actionfilme und sogar der Nachrichten ist. Diese Dinge sind für kleine Kinder zu traumatisierend. Selbst Märchen können kleinen Kindern Angst machen, und ich würde mir sehr wünschen, dass es mehr erbauliche und heilende Geschichten gäbe (wie die in diesem Buch!), an denen sich unsere Kinder erfreuen können.

Und dennoch hatte ich in diesem Fall das deutliche Gefühl, dass es in Wahrheit um etwas ging, das mehr mit der Mutter als mit ihrer Tochter zu tun hatte. Autounfälle passieren jeden Tag; das ist auch der Grund, warum Kinder ermahnt werden, die Straße erst dann zu überqueren, wenn sie frei ist. Mir schien, dass Caseys Mutter das Thema Tod unangenehmer war als ihrer Tochter.

Ein Jahr später, Casey war gerade sechs Jahre alt geworden, ereignete sich tatsächlich eine Tragödie in ihrem näheren Umfeld. Eine von Caseys besten Schulfreundinnen, Natalie, brach sich den Arm. Während sie im Krankenhaus lag, bekam sie eine seltene und gefährliche Infektion, die sich in ihren Knochen festsetzte, und wenig später starb sie, gerade mal sechs Jahre alt.

Alle Kinder in der Schule waren entsetzt. Die Lehrer taten alles, um den Kindern zu helfen, den tragischen Verlust zu verarbeiten, und die Eltern wurden eingeladen, an diesem Heilungsprozess teilzunehmen. Natürlich mussten alle Eltern sich ihrer eigenen Angst stellen und sich fragen: »Was wäre, wenn es mein Kind gewesen wäre?« Natalie war ein kerngesundes Kind gewesen. Der Gedanke an ihren Tod war unerträglich. Also mussten die Kinder nicht nur mit ihren eigenen Gefühlen von Trauer, Verlust und Verwirrung fertig werden, sondern sie fühlten darüber hinaus auch die Ängste ihrer Eltern.

Als ich mit Casey am Telefon sprach, hörte sich ihre Stimme

nachdenklich an. »Ich wusste nicht, dass kleine Kinder sterben können«, sagte sie. »Ich dachte, das passiert nur alten Leuten.« Casey litt ganz offensichtlich nicht nur unter dem Verlust ihrer Freundin, sondern auch unter dem Gefühl, dass das Leben sie »getäuscht« hatte. Niemand hatte ihr jemals gesagt, dass Unfälle passieren, und als dieser dann eintrat, fühlte sie sich vom Leben selbst betrogen.

Ihre Mutter erzählte mir, dass diese Tragödie die ganze Familie wie ein Blitz aus heiterem Himmel getroffen hatte. »Casey und Natalie waren die besten Freundinnen. Casey hat sich nach Natalies Tod total zurückgezogen, ist depressiv und schläft schlecht.«

Ich beruhigte Caseys Mutter und sagte ihr, es sei ganz natürlich, dass Casey den Verlust ihrer Freundin so tief empfand. Sowohl Kinder als auch Erwachsene empfinden einen solchen Verlust als äußerst schmerzlich; wir alle brauchen Zeit zum Trauern. Was jedoch diese Situation beunruhigend machte, war die Tatsache, dass Casey ihre Trauer nicht *offen* zum Ausdruck brachte, sondern sich in sich selbst zurückzog und *dicht machte.*

Ich erklärte ihrer Mutter, dass eine solche Verschlossenheit nicht natürlich ist; dass Kinder, wenn sie offen sind, normalerweise die Dinge in ihrer ganzen Intensität fühlen und ihre Gefühle ganz natürlich ausdrücken. Ich fragte mich, ob eventuell noch etwas anderes im Gange war und schlug Caseys Mutter vor, eine kurze, leichte Kid's Journey mit ihrer Tochter zu machen. Ich sagte: »Sie müssen nicht die ganze Reise machen. Bitten Sie Casey einfach nur, ihre Augen zu schließen, und lassen Sie den ganzen Raum mit Licht erfüllt sein. Dann fordern Sie Casey auf, sich ein warmes, gemütliches Lagerfeuer vorzustellen und ihre Freundin Natalie einzuladen, mit ihr am Lagerfeuer zu plaudern. Vielleicht gibt es etwas, was Casey sagen muss, um innerlich Frieden mit Natalie zu finden.«

Ihre Mutter, eine feine und bewusste Seele, tat genau das. Am selben Abend setzte sie sich mit Casey hin und sagte:

»Warum sagen wir nicht ein paar Gebete für Natalie? Wir stellen uns einfach vor, dass das ganze Zimmer mit Liebe und Licht erfüllt ist, und wir werden Natalie einladen, gemeinsam mit uns an einem gemütlichen Lagerfeuer zu sitzen.«

Casey, von Natur aus ein sehr spirituelles Kind, fiel eine Last vom Herzen, als man ihr einen Prozess anbot, an dem sie aktiv teilnehmen konnte. Als Mutter und Tochter am imaginären Lagerfeuer saßen, kam die Wahrheit zum Vorschein: Casey liebte ihre Freundin, doch eine Woche, bevor Natalie ihren Arm brach, hatten ein paar andere Kinder in der Schule sich über sie lustig gemacht, und Casey hatte schweigend daneben gestanden und nichts getan, um diese gemeinen Hänseleien zu stoppen. Als es vorbei war, schämte sie sich über ihr Verhalten, fand jedoch keine Möglichkeit mehr, Natalie zu sagen, wie Leid es ihr tat. Sie hatte ihrer besten Freundin nicht geholfen, als es nötig war, und kurz danach war sie gestorben. Jetzt wünschte sie sich nur, sie könnte die Zeit zurückdrehen.

In ihrer kindlichen Art erklärte Casey alle diese Gedanken und Gefühle Natalie, die mit ihr am imaginären Lagerfeuer saß. Natalies Gesicht leuchtete, sie war von Licht umgeben und von Liebe erfüllt. Sie gab Casey zu verstehen, dass es wirklich nichts ausmachte; dass sie es nicht persönlich nahm, dass sie sich sowieso vollkommen im Frieden befand und von Liebe und Licht umhüllt war. Caseys Gesicht entspannte sich zusehends, als sie Natalies wortlose Vergebung empfing, und kurz danach fiel sie in den ersten tiefen Schlaf, der ihr seit dem Tod ihrer Freundin vergönnt war.

Ein paar Tage später sagte mir Caseys Mutter, dass am Tag nach ihrem Prozess Caseys Depression verschwand und sie heute wieder ein fröhliches, unbeschwertes Kind ist.

****

Kinder brauchen genauso wie Erwachsene die Möglichkeit, ihre Beziehungen zu klären und eine Situation abzuschließen. Wenn wir unsere eigenen Ängste beiseite legen können (oder, noch besser, uns ihnen in einem Journey-Prozess stellen und sie loslassen können), sind wir viel besser in der Lage, unseren Kindern dabei zu helfen, Frieden zu finden, selbst angesichts eines tragischen Verlustes.

Mit einer ähnlichen Situation sah sich eine Frau in New York City konfrontiert, kurz nach dem Angriff auf das World Trade Center am 11. September 2001. Ich war zu der Zeit in den USA, um mein Buch *The Journey* vorzustellen. Am 10. September 2001 schickte mein Verlag 600 Pressemitteilungen zusammen mit 600 Büchern an die entsprechenden Medien. Am 11. September war die Nachricht über mein Buch begraben, mit Recht in den Schatten gestellt angesichts des katastrophalen Verlustes von fast 3000 Menschenleben. Dennoch war mir bewusst, dass ich aus einem bestimmten Grund genau zu diesem Zeitpunkt in Amerika war. Sobald ich die Nachricht hörte, wusste ich, dass ich etwas tun *musste*, um den Familien der Opfer zu helfen. Also sagte ich meine bezahlten Seminare ab und reiste einen Monat nach dem Attentat mit meinem Team nach New York City, um allen, die von der Katastrophe heimgesucht worden waren, einen kostenlosen Journey-Prozess anzubieten.

Aufgrund der Erkenntnisse der Psycho-Neuro-Immunologie bezüglich der Wirkung von Traumata auf unser Immunsystem, fühlte ich mich aufgerufen, in jeder erdenklichen Weise zu helfen. Wenn wir bei einem katastrophalen Ereignis unsere natürliche emotionale Reaktion ausschalten, produziert, wie Sie bereits wissen, unser Körper chemische Stoffe, die bestimmte Zellrezeptoren blockieren. Die interzelluläre Kommunikation in unserem Körper wird unterbrochen, was dazu führt, dass unsere gesamte Körperchemie aus ihrem natürlichen, gesunden Gleichgewicht gerät.

Einfach ausgedrückt macht unser gesamtes Immunsystem

dicht, wenn wir uns emotional verschließen. Drei Wochen nach dem 11. September las ich in einer New Yorker Zeitung, dass die Krankenhäuser voll und die Ärzte und Therapeuten total überlastet waren – *nicht* aufgrund der Notfälle, die direkt mit der Katastrophe zu tun hatten, sondern weil die Symptome von Menschen mit *bereits existierenden* gesundheitlichen Problemen plötzlich schlimmer geworden waren. Krebskranke Patienten merkten, dass der Krebs aggressiv wurde; Personen mit Asthma stellten fest, dass ihre Krankheit akut wurde; Personen mit chronischer Erschöpfung wurden vollends unfähig, irgendetwas zu tun; Patienten mit Arthritis konnten sich kaum mehr bewegen; depressive Menschen fühlten sich vollkommen überwältigt. Bereits existierende physische und emotionale Zustände verschlimmerten sich dramatisch, und die Praxen und Krankenhäuser konnten dem Ansturm leidender Menschen kaum gerecht werden.

Angesichts solch schwerer Traumata wussten nur wenige von uns, wie wir mit der intensiven Trauer und Angst umgehen sollten, die daraus entstand, daher verließen sich die meisten von uns auf die alten, vertrauten Strategien – es zu unterdrücken, zu hoffen, dass es verschwindet, und wieder an die Arbeit zu gehen. Doch dieses Mal war das Trauma so groß und die Auswirkungen so akut, dass unsere Zellrezeptoren sich zu blockieren begannen, unsere Körperchemie sich veränderte und wir unsere Ärzte und Krankenhäuser mit Hilferufen überschwemmten.

Ich sah, dass New York eine andere Art von Hilfe brauchte – Hilfe, um diese katastrophalen Zellerinnerungen zu klären, das Trauma loszulassen und zu vergeben, damit wir auf natürliche Weise trauern und unsere Körper dabei heilen lassen konnten.

Mitte Oktober flogen zwanzig meiner Mitarbeiter und Trainer von Australien, Südafrika und England nach New York, um bei dem kostenlosen Journey-Seminar mitzuhelfen, und es war ein zutiefst bewegendes, erschütterndes und profundes Heilungserlebnis. Die Ehefrauen von Feuerwehrmännern kamen,

Familien und Freunde der Toten, Krankenschwestern, Lehrer und Geistliche. Mehr als ein Drittel der Anwesenden hatte einen ihnen nahestehenden Menschen verloren. Und jeder kannte jemanden, der bei dem Angriff ums Leben gekommen war. Vor dem Hintergrund von so viel nackter Trauer wurde es ein besonders sanftes und liebevolles Seminar.

Beinahe alle 200 Teilnehmer fanden den Mut, die Physical Journey zu absolvieren, und am Ende des Tages sah jeder im Stillen erleichterter aus und schien größeren inneren Frieden gefunden zu haben.

Eine Frau berichtete von einem ungewöhnlichen Erlebnis. Die Zellerinnerung, die sie aufdeckte, ging zurück zu der Zeit, als sie acht Jahre alt war. Damals war gerade ihre Schwester gestorben. Wie so viele Mütter und Väter, wussten auch ihre Eltern nicht, wie sie ihr durch den Trauerprozess helfen konnten. Sie wurde von allen Familiengesprächen über den Tod ausgeschlossen, und man gab ihr keine Möglichkeit, ihre eigene Trauer zu fühlen und auszudrücken. Die Trauer ihrer Eltern fand hauptsächlich privat statt, hinter verschlossenen Türen. Das kleine Mädchen fühlte sich völlig ausgeschlossen von der offensichtlichen Trauer in der Familie, und sie wusste nicht, wie sie sich von ihrer Schwester verabschieden sollte. Um das Ganze noch schlimmer zu machen, glaubten ihre Eltern am Tage der Beerdigung, dass es für eine Achtjährige zu »traumatisierend« sei und sie besser nicht dabei sein sollte. Also blieb sie ganz allein zu Hause zurück, ausgeschlossen von den Familienzeremonien für ihre Schwester.

In ihrer Erinnerung sah sie deutlich, wie sie aus dem Fenster schaute und den Sarg ihrer Schwester im offenen Leichenwagen aufgebahrt sah, als die Trauerprozession mit ernsten und stillen Gesichtern vorbeizog. Sie erinnerte sich, dass sie sich zutiefst verzweifelt fühlte, völlig alleine. Zurückgelassen in ihrer großen Trauer, spürte dieses achtjährige Mädchen, dass sie angesichts einer Tragödie von allen verlassen worden war – niemand war da, um ihre Hand zu halten und sie zu trösten oder ihr zumindest genau zu erklären, was passiert war. Vor ihrem inneren Auge erschien diese Zellerinnerung auf einer Seite eines in der Mitte geteilten Bildschirms.

Auf der anderen Seite des Bildschirms erschien die gegenwärtige Erinnerung an den Einsturz der Twin Towers. Wieder einmal war sie alleine. Sie wollte sich gerade auf den Weg ins Büro machen, als sie den Fernseher anschaltete und ihre ganze Welt zum Stillstand kam. Allein und verlassen, vor Schreck erstarrt, wurde sie angesichts der Bilder auf dem Fernsehschirm wieder einmal Zeugin einer Katastrophe, ohne dass es eine Hand gab, an der sie sich festhalten konnte oder irgendjemanden, an den sie sich wenden konnte. Sie erlebte noch einmal das gleiche Kindheitsmuster – dieses Mal angesichts einer Katastrophe.

Sie sagte, dass sie sich ihr ganzes Leben lang verzweifelt alleine gefühlt hatte. Im Alter von acht Jahren hatte sie gelernt, dass es im Falle einer Tragödie niemanden gab, der für sie da war. Und in diesen furchtbaren Tagen erlebte sie, wie sich ihre persönliche Geschichte wiederholte.

Während ihres Journey-Prozesses stellte sie sich nicht nur endlich dem alten Schmerz und ließ ihn los, sondern sie vergab ein für allemal ihren Eltern dafür, dass sie sie nicht am Trauerprozess hatten teilnehmen lassen. Sie empfand Frieden mit ihren Eltern, und aus diesem Frieden heraus kam sie zu einer tiefgreifenden Erkenntnis. »Was habe ich damals bloß gedacht?«, sagte sie später vor allen Anwesenden. »Ich bin nicht alleine – ich lebe in einer Stadt mit Millionen anderer Menschen, die sich genau wie ich alle danach sehnen, einander die Hände zu reichen und sich gegenseitig zu helfen. Ich habe so viele Freunde, die ich hätte anrufen können, anstatt wie erstarrt vor dem Fernseher zu sitzen. Jeder einzelne von ihnen wäre für mich da gewesen, aber weil ich diese traurige »Einzelgänger-Opfer-Mentalität« hatte, kam es mir nie in den Sinn, dass ich nicht warten musste, bis jemand die Hand nach mir ausstreckte – *ich hätte die Hand nach ihnen ausstrecken können*! In Wahrheit bin ich nie allein gewesen! Und ich werde nie mehr an dieses Märchen der ›einsamen Fremden‹ glauben – es entspricht einfach *nicht* der Wahrheit!«

Alle Anwesenden klatschten Beifall, und ich glaube, dass jeder in diesem Moment an die vielen Augenblicke der letzten Wochen dachte, wo er sich allein gefühlt hatte, und wie isoliert wir alle uns in unserer eigenen Trauer fühlten – während es in Wahrheit eine ganze Welt voller ausgestreckter Arme gab.

Uns allen, Erwachsenen genauso wie Kindern, steht es zu, den Prozess der Trauer und des sich Verabschiedens zu durchlaufen – auf eine liebevolle Art, einer Umarmung gleich, anstatt alleingelassen und isoliert.

Vor einiger Zeit fand in Melbourne, Australien, ein Junior Journey-Seminar statt. Kim Davis, eine Lehrerin, die bei der Anwendung der Journey-Arbeit mit Kindern besonders kreativ ist und alle möglichen Arten von Hilfsmitteln für Lehrer entwickelt hat, leitete zusammen mit anderen ausgebildeten Therapeuten und Begleitern dieses Seminar.

Einer der Teilnehmer war ein Junge, der auf tragische Weise *beide* Eltern verloren hatte. Seine Pflegeeltern liebten ihn von Herzen, wussten jedoch nicht, wie sie ihm helfen konnten, seinen Schmerz zu verarbeiten. Er hatte sich ihnen gegenüber total verschlossen und war kaum bereit, zu kommunizieren. Nach seinem Journey-Prozess schrieben seine Pflegeeltern einem der Begleiter einen Brief und sagten, dass er heute ein viel freierer und liebevollerer Junge ist – wenn sie ihn morgens mit dem Auto in die Schule bringen, dankt er ihnen inzwischen und wünscht ihnen einen schönen Tag. Er wendet sich ihnen zu, während er in der Vergangenheit ohne ein Wort die Autotür geschlossen hatte und niedergeschlagen in die Schule gegangen war. Sie waren begeistert, dass nach einem solch tragischen Erlebnis wie dem Verlust beider Eltern ein einziger Tag eine derart tiefgreifende Transformation auslösen konnte.

Es gibt eine besonders bewegende Geschichte über einen anderen Jungen, der erlebte, wie zwei Wesen, die er besonders liebte, *am selben Tag* starben. Ein Jahr vor seiner Teilnahme an der Junior Journey verlor Joe durch einen Unfall sowohl seinen Vater als auch seinen Hund Rusty. Dieses traumatische Erlebnis schien Joe im wahrsten Sinne des Wortes die Sprache verschlagen zu haben; er konnte nicht mehr reden. Natürlich machte sich seine Familie große Sorgen um ihn. Sie versuchten alles – er wurde therapiert, ließ sich hypnotisieren, unterzog sich einer neuro-linguistischen Programmierungs-Therapie, doch nichts schien zu helfen. Er konnte einfach keine Silbe hervorbringen – er war buchstäblich sprachlos.

Als Joe zum Junior Journey-Programm kam, empfahl ich der Leiterin des Seminars, bei der Arbeit mit ihm besonders kreativ vorzugehen. Da der größte Teil seines Prozesses innerlich und mit geschlossenen Augen stattfinden würde, musste sie sich im Voraus mit ihm über Handgesten einigen, die ihr anzeigten, was gerade mit ihm passierte, und sie musste am Lagerfeuer genug Zeit lassen, damit eine nonverbale Kommunikation stattfinden konnte. Ich empfahl ihr, Joe vor Beginn die gesamte Kid's Journey zu erklären, damit er sich entspannen und den Prozess vor seinem inneren Auge auf seine eigene Weise durchlaufen konnte. Und ich erinnerte sie daran, dass sie dem Hund – der als Antwort ja nur bellen konnte – einen Ballon der Kommunikation geben musste, damit Joe am Lagerfeuer seine Antworten klar hören konnte.

Joe hörte sich die Anweisungen seiner Therapeutin aufmerksam an, und sie einigten sich auf bestimmte Handgesten. Schließlich bat die Therapeutin ihn, seine Augen zu schließen. Sie las ihm die Kid's Journey wie eine geführte Meditation oder ein Märchen vor und prüfte währenddessen wiederholt, ob Joe auch wirklich zuhörte und alles verstand. »Kannst du die Stufen sehen? ... Gut. ... Bist du schon im Inneren des Raumschiffes? ... Wunderbar« – während Joe seine Antworten gestikulierte. Sie bat ihn anzuzeigen, in welchem Teil seines Körpers das Raumschiff gelandet war, und er zeigte auf seinen Hals. Während des Change Memory-Prozesses musste sie wiederholt fragen: »Würde dieser Ballon helfen? Würde jener Ballon helfen?«, und Joe nickte in den meisten Fällen, aber nicht in allen – er wusste instinktiv *genau*, was ihm bei der Szene, in der er sich gerade befand, am besten helfen würde. Als es Zeit war für das Gespräch am Lagerfeuer, fragte sich die Therapeutin, wie es wohl ablaufen würde – schließlich wusste sie nicht, was gesagt wurde, da diese Kommunikation ohne Worte gänzlich in Joes Innerem stattfand. Leise stellte sie ihm immer wieder Fragen: »Ist dein Vater da? ... Gut ... Dann lass ihn jetzt zu Wort kommen ... Ist Rusty da? ... Gut ... Dann lass ihn sprechen.« Joe gestikulierte als Antwort auf jede Frage, und die Therapeutin ließ zwischen den Fragen viel Zeit, damit jeder der Beteiligten seine Emotionen zum Ausdruck bringen konnte. Joe hatte seit dem Tod seines Vaters und seines Hundes noch nicht geweint, doch jetzt füllten sich seine Augen mit Tränen, und ein einsamer Tropfen rollte über seine Wange.

Die Therapeutin hatte den Eindruck, dass alles wunderbar zu laufen *schien*, doch sie konnte sich erst sicher sein, als Joe seine Augen öffnete und *seine ersten Worte sprach.* Er erzählte ihr genau, was während seiner Journey passiert war. Sein Raumschiff war in seinem Hals angekommen, wo es einen Bereich gab, der dunkel, eng und zusammengezogen aussah. Als er näher auf diesen Bereich zuging, wurde er sofort von der Zellerinnerung überflutet, die dort gespeichert war. Er ging zurück zu dem Tag, an dem sein Vater und sein Hund gestorben waren. Joe hatte keine Gelegenheit gehabt, vor dem Unfall noch einmal mit seinem Vater zu sprechen. Er hatte eine einzige Frage, die er seinem Vater stellen wollte: »Warum bist du weggegangen, ohne dich zu verabschieden?« Sein Vater antwortete: »Nun, mein Sohn, ich hatte nicht wirklich eine Wahl, doch weißt du, ich habe dich in Wahrheit nie verlassen. Wenn du in dein Herz schaust, wirst du feststellen, dass ich meine ganze Liebe für dich dort gespeichert habe. Ich bin immer bei dir – mitten in deinem Herzen.«

Als die Reihe an Rusty kam, stellte Joe genau die gleiche Frage: »Warum bist *du* weggegangen, ohne dich zu verabschieden?« Mit seinem Ballon der Kommunikation war Rusty in der Lage, ohne Schwierigkeiten zu antworten: »Nun, auch ich hatte leider keine Möglichkeit – es war ein Unfall – doch weißt du, auch ich habe dich nie wirklich verlassen. Wenn du nachts hinauf in den Himmel schaust, wirst du dort in den Sternen die Umrisse meiner Form erkennen. Jede Nacht, wenn du schläfst, wache ich über dich.«

In der Erkenntnis, dass sowohl die Liebe seines Vaters als auch die Liebe seines Hundes immer bei ihm waren, konnte Joe schließlich Frieden finden. Bevor sich das Lagerfeuer auflöste, sagte sein Vater zu ihm: »Wann immer du mit mir reden willst, geh einfach in dein Herz, dort wirst du mich finden und wir werden zusammen am Lagerfeuer sitzen.«

Nur zwanzig Minuten waren verstrichen, doch Joe hatte gehört, was er hören musste, um endlich den Tod dieser beiden geliebten Wesen akzeptieren zu können. Seitdem hat er nie mehr Probleme mit dem Sprechen gehabt – er redet so frei und unbeschwert wie früher – und ich bin heute die stolze Besitzerin eines T-Shirts, das er für mich bemalt hat und das einen Hund zeigt, dessen Umrisse aus lauter Sternen bestehen.

Sehr oft ist es wichtig für Kinder, zu verstehen, was passiert ist, einfache Antworten auf einfache Fragen zu erhalten. Manchmal können solche Antworten nur aus dem Inneren kommen, aus ihrer eigenen inneren Weisheit. Ich wünschte, wir alle könnten lernen, den Verlust eines geliebten Menschen so leicht zu verarbeiten wie der kleine Joe. Seine Unschuld und Offenheit sind seine größten Verbündeten, und er kann uns allen zeigen, wie es gemacht wird.

6

Die Journey-Arbeit im täglichen Leben

Als Eltern kann es uns passieren, dass wir fröhlich einen ganz normalen Familienausflug machen und plötzlich ereignet sich direkt vor unseren Augen etwas Traumatisches. Vielleicht denken wir dabei nicht *unmittelbar* an einen Journey-Prozess; dennoch kann die spontane Anwendung der Journey-Grundsätze in einer Krisensituation außerordentlich effektiv sein. Diese Arbeit führt immer zu einem Gefühl der Ganzheit, des Loslassens und rückt das Problem in die angemessene Perspektive. Und was noch wichtiger ist: Sie erkennen und klären das Thema, bevor es im Körper gespeichert wird und irgendwann in der Zukunft zu einer einschränkenden, konditionierten Reaktion werden kann.

Wenn Sie erst einmal mit den verschiedenen Aspekten des Prozesses wirklich vertraut sind, werden Ihnen die einzelnen Schritte zuweilen in den unerwartetsten Momenten gute Dienste erweisen.

Vor ein paar Jahren konnte ich diese Tatsache selbst erfahren. Ich machte an einem Sonntagnachmittag mit meiner lieben Freundin Samantha und ihrer fröhlichen, lebhaften sechsjährigen Tochter Jade einen Bootsausflug auf einem wunderschönen See an Sydneys North Shore. Wir ankerten neben einem einladenden Terrassen-Restaurant, mit einem prachtvollen Garten am Seeufer, mit vielen Skulpturen, einem Vogelhaus und herrlichen Rosenbeeten.

Wir hatten Glück und bekamen einen der letzten freien Tische. Sobald wir unsere Bestellungen aufgegeben hatten, fragte Jade, ob sie im Garten spielen dürfe, während wir auf unser Essen warteten. Jade ist nicht nur ein fröhliches, waches Kind, sondern auch eines jener ungeheuer erwachsen wirkenden Kinder – Sie wissen, was ich meine: Mit ihren sechs Jahren war sie weise, wunderbar praktisch und extrem verantwortungsvoll für ihr Alter bzw. für jedes Alter. Unser Tisch stand so, dass wir die Terrasse und den Garten überblicken und Jade beim Spielen beobachten konnten, daher gewährte Samantha ihrer Tochter gerne die Bitte. Sie ermahnte sie, nicht in die Nähe der Stufen zu gehen, die zum See hinunterführen, und Jade versprach, sich daran zu halten. Wir beide wussten, dass sie die vernünftigen Anweisungen ihrer Mutter genau befolgen würde.

Jade ging in den Garten und begann herumzutollen und über die Wiese zu hüpfen, und wir schauten ihr entzückt dabei zu, wie leicht sie sich in der natürlichen Umgebung bewegte. Immer mit einem Auge bei der Kleinen, lachten Samantha und ich über irgendetwas, als wir plötzlich einen durchdringenden Schrei hörten und in der nächsten Sekunde erkannten, dass es Jade war. Wir hatten nur einen kurzen Moment nicht hingeschaut. Jade lag wimmernd auf dem Boden und hielt ihr Bein, das mit Blumenerde bedeckt war. Um sie herum lagen die Scherben eines *riesigen* Tonblumenkübels verstreut. Das Ding musste *mindestens* 50 Kilo gewogen haben, bevor es umgefallen und zerbrochen war.

Sofort prüfte ich, ob Jades Bein an irgendeiner Stelle gebrochen war oder ob sie offene Verletzungen hatte, wobei ich feststellte, dass sich bereits ein großer Bluterguss zu bilden begann. Während ich jede ihrer Zehen bewegte und die Bewegungsfähigkeit ihrer Knöchel prüfte, versuchte Samantha, den herbeigeeilten Restaurantangestellten zu erklären, dass alles in Ordnung war, dass es sich nur um ein kleines Missgeschick handelte – keine gebrochenen Knochen oder ernste Verletzungen. Sie bot an, für den Schaden aufzukommen, doch der Besitzer lehnte freundlich ab, und allen entfuhr ein große Seufzer der Erleichterung darüber, dass Jade nichts Ernsthaftes passiert war – sie war ein bisschen angeschlagen und durcheinander, aber das war auch alles.

Schließlich gingen die Angestellten wieder an ihre Arbeit im Restaurant zurück, und vorsichtig half ich Jade aufzustehen. Sie machte ein sehr tapferes Gesicht, aber ich konnte sehen, dass sie Angst um ihr Leben gehabt hatte. Physisch schien alles okay zu sein, doch emotional war sie offensichtlich völlig durcheinander, wenn sie auch nicht darüber sprach.

Während wir aßen, redeten wir offen über den Unfall und ich versuchte, an Jade heranzukommen, sie zu überreden, das auszudrücken, was sie *wirklich fühlte*. Doch stattdessen beschrieb sie in allen Einzelheiten, *was passiert war* – sie war auf den Sockel geklettert, um die Blumen in dem großen Tonkübel besser sehen zu können, ohne zu merken, dass er nicht an dem Sockel festgemacht war. Als sie den Rand des Kübels ergriff, fiel alles krachend zu Boden.

Ich erbleichte und mir wurde klar, dass das schwere Tongefäß direkt auf ihr hätte landen und ihr Bein brechen oder sie sogar hätte töten können. Intuitiv wusste ich, dass Jade das Gleiche erkannt hatte. Sie hatte wahrscheinlich Angst gehabt, sterben zu müssen.

Jade konnte zwar genau beschreiben, *was passiert war*, doch offensichtlich fiel es ihr schwer, ihre wahren Gefühle über das Erlebte auszudrücken.

Weil ich nicht wusste, was ich noch tun konnte, sagte ich schließlich: »Jade, ich werde jetzt zu diesem dummen Kübel gehen und ihm mal ordentlich meine Meinung sagen. Hier, nimm meine Hand. Lass uns hingehen und dem blöden Ding mal sagen, was wir davon halten, dass es dich auf diese Weise erschreckt hat!« Jade sprang von ihrem Stuhl herunter, griff nach meiner Hand, und zusammen marschierten wir in den Garten, um dem Blumenkübel den Marsch zu blasen.

Mit lauter Stimme begann ich, den tönernen Topf auszuschimpfen und ihn dafür zu schelten, dass er Jade erschreckt hatte. Ich sagte ihm, dass es nicht nett war, einfach so herunterzufallen und dass er *nie, nie wieder* versuchen sollte, jemandem eine solche Angst einzujagen. Ich tat so, als säßen wir gemeinsam an einem Lagerfeuer, genau wie im Journey-Prozess, doch dieses Mal im richtigen Leben. Jade begann, mitzuschimpfen, während ich sie aufforderte, alle ihre Gefühle rauszulassen. Sie schrie zusammen mit mir auf das Tongefäß ein, bis wir beide alle Emotionen verausgabt hatten und sie ganz spontan in Lachen ausbrach. Wir beide lachten und lachten und lachten, wir konnten gar nicht mehr aufhören.

Dann sagte Jade zu mir: »Mir tut der Kübel leid. Er muss sich furchtbar fühlen. Er wollte mir nicht wehtun oder mir Angst machen. Es ist nicht sein Fehler gewesen. Wir sollten ihm vergeben – er fühlt sich bestimmt ganz schlecht.«

Also vergaben wir gemeinsam dem tönernen Gefäß. Wir sagten, dass wir wussten, dass es Jade nicht wehtun wollte und dass es uns Leid täte, dass es zerbrochen ist. Dann sagte ich: »Ich möchte wissen, wie wir diesem Kübel am besten helfen könnten, in Zukunft nicht mehr solche Dinge zu erleben.«

Jade antwortete: »Wir sollten den Kellnern sagen, dass sie ein kleines Schild aufstellen sollen, auf dem steht: ›Kinder, bitte klettert nicht auf mir herum – ich kann leicht herunterfallen‹, und dann eine Zeichnung von einem kletternden Kind machen, mit einem roten Strich in der Mitte, damit es auch die kleinen Kinder verstehen, die noch nicht lesen können. Auf diese Weise würden sich sowohl die Kinder als auch der Kübel sicher fühlen.«

Nachdem Jade dem Restaurantpersonal von ihrem Erlebnis erzählt hatte und von dem, was sie daraus gelernt hatte, fühlte sie sich emotional zufrieden. Sie hatte die Angst um ihr Leben und die Wut und das Trauma, das damit einhergegangen war, zum Ausdruck gebracht und losgelassen. Sie hatte dem Kübel gegenüber Vergebung und Mitgefühl gefunden und auch sich selbst vergeben. Und schließlich hatte sie die Lektion erkannt, die der Blumentopf für sie bereitgehalten hatte, und sie war in der Lage, diese Lektion zu benutzen, um anderen Kindern zu helfen, damit ihnen nicht das Gleiche passierte wie ihr.

Auf der Heimfahrt schien Jade fröhlich, frei und von innerem Frieden erfüllt zu sein. Ich fragte sie, ob sie bereit sei, ein kurzes Spiel mit mir zu spielen, bei dem sie ihre Augen geschlossen halten musste. Auch wenn sie ihr »Lagerfeuer« mit dem Kübel abgeschlossen hatte, spürte ich, dass sie auch von einem Change Memory-Prozess profitieren könnte, um wirklich gesunde Reaktionen für die Zukunft zu programmieren. Ich wollte sichergehen, dass sie keine »Phobie« bezüglich des Kletterns entwickelt, sondern dass sie stattdessen lernen würde, dass es zwar unangebracht gewesen war, auf diesen Sockel zu klettern, dass das Klettern auf Baumhäuser und Klettergerüste jedoch keine Gefahr darstellt, sondern Spaß macht. Also forderte ich Jade auf, ihre Augen zu schließen, sich ein Lagerfeuer vorzustellen und einen inneren Ratgeber zu fragen, welche Art von Ballons in Zukunft nützlich wären. Sie nannte genau die richtigen: Spielen, Spaß, Vertrauen, Sicherheit; aufpassen, dass man sicher einen Fuß vor den anderen setzt, prüfen, ob alles sicher ist; Selbstachtung und Mut. Sie atmete alle diese Qualitäten in sich hinein. Dann bat ich sie, sich vorzustellen, wie sie mit all ihren Ballons auf irgendetwas klettert und dann diese innere Szene auf die Weise vor sich ablaufen zu lassen, wie sie *in Zukunft stattfinden würde*, mit all diesen wunderbaren, hilfreichen inneren Eigenschaften.

Jade beschrieb ihre Szene mit sehr bunten Worten. Sie kletterte auf ihren Lieblingsbaum, auf den sie klettern darf und von dem sie bereits weiß, dass es sicher ist. Sie prüfte jeden Schritt, den sie machte, um sich zu vergewissern, dass die Äste immer noch stark genug waren. Als sie das Baumhaus erreichte, empfand sie großes Vergnügen darüber, so hoch über allem zu sein, behaglich und sicher an ihrem eigenen, besonderen Platz. Sie wusste in ihrem Inneren, dass sie vorsichtig und vernünftig geklettert war, und das machte das Spielen in ihrem Baumhaus noch viel vergnüglicher. Sie sagte sogar, dass sie gerne anderen Kindern helfen würde, sicher und vorsichtig zu klettern und dass das Gefühl der Sicherheit ihr gut tut.

Als der Change Memory-Prozess abgeschlossen war und sie sich für ihren vergangenen Fehler selbst vergeben hatte, fand ihr Lagerfeuer ein ganz natürliches Ende. Sie öffnete ihre Augen, und sie strahlte über das ganze Gesicht, voller Selbstvertrauen und Freude.

Eine Woche später rief mich Samantha an und sagte mir, dass Jade seit ihrem Prozess die ganze Woche in einem Zustand reinster Seligkeit gewesen war. Sie habe ihre Tochter noch nie so frei und vertrauensvoll gesehen.

Als ich den Hörer aus der Hand legte, dachte ich daran, was hätte passieren können: Ein traumatisches Erlebnis hätte Jades natürliche athletische Fähigkeiten und ihre Liebe zum Klettern hemmen können. Es hätte sie ängstlich machen und ihre gesunde Risikobereitschaft sowie die Freude an physischen Herausforderungen behindern können, oder – noch schlimmer – Jade hätte ihre Angst verallgemeinern können – sie hätte Angst vor Rosengärten, Statuen, Seen, Booten und sogar Restaurants entwickeln können. Sehr häufig haben Kinder irgendwann in einer bestimmten Situation Angst gehabt und vergessen dann, wie diese Angst entstanden ist. Sie verallgemeinern sie, so dass jede Situation, die auch nur im Entferntesten dem ursprünglichen traumatischen Ereignis ähnelt oder damit assoziiert wird, angstbesetzt ist.

Jades Geschichte erinnerte meinen guten Freund Cliff an ein Erlebnis aus seiner Kindheit. Als Sechsjähriger war er bei einem Ferienaufenthalt um Haaresbreite im Meer ertrunken. Nach diesem erschreckenden Erlebnis fragte er jedes Mal, wenn seine Eltern sagten: »Wir fahren in Ferien«, sofort: »Wohin?« Und wenn sie antworteten, dass sie ans Meer oder an einen See, einen Swimmingpool oder auch nur in die Nähe von Wasser fahren würden, antwortete er wie nebenbei: »Da möchte ich eigentlich nicht so gerne hinfahren. Ich finde Ferien sowieso nicht so toll.« Er hatte nicht nur eine Angst vor dem Wasser und Schwimmen entwickelt, sondern er hatte seine einmalige Erfahrung so verallgemeinert, dass für ihn jetzt Ferien generell eine furchterregende Vorstellung waren. Er hatte vergessen, woher die Angst kam, er wusste nur, dass er Ferien überhaupt nicht mochte.

Erst als Cliff Anfang Fünfzig war und einen Journey-Prozess machte, war er endlich in der Lage, sich von dieser Angst zu befreien. Heute, mit Mitte Fünfzig, fährt er regelmäßig mit uns in den Ferien nach Byron Bay in Australien, schwimmt liebend gerne im Meer, hat seinen Tauchschein gemacht und ist gerade dabei, Surfen zu lernen!

Doch warum so lange warten?

Vor ungefähr zwei Jahren hatten wir ein ähnliches Erlebnis mit Kevins Sohn Mark. Wir hatten eine sonnige Woche in Lech, Österreich, mit Skilaufen verbracht, doch an dem Morgen unserer Heimreise setzte völlig unerwartet dichtes Schneetreiben ein. Innerhalb von Minuten waren die Straßen mit einem halben Meter Schnee bedeckt, und Schneepflüge versuchten, mit den plötzlichen Schneemassen fertigzuwerden.

Wir mussten nach München fahren, um unseren Flug nach London zu bekommen, also machten wir uns früh genug auf den Weg, um im Schneckentempo vorwärts zu rollen, notfalls hinter Schneepflügen her die einzige Straße entlang zu fahren, die aus den Bergen herausführte. Der Verkehr kam kaum voran – die Urlauber verließen den Ort massenweise, bevor sie alle eingeschneit sein würden. Die Straßen waren tückisch, und jeder fuhr vernünftigerweise mit einer Geschwindigkeit von weniger als 20 Kilometern in der Stunde. Während wir langsam den

Berg hinunterkrochen, kam unser Wagen plötzlich ins Rutschen. Vorsichtig trat Kevin mehrmals auf die Bremse, doch es war unmöglich, den Wagen auf der glatten Straße anzuhalten. Ohne unser Wissen hatte die Mietwagenfirma uns ein Auto mit Sommerreifen gegeben, statt mit den um diese Jahreszeit üblichen Winterreifen. Die Reifen fanden einfach keinen Halt, sodass wir auf den vor uns fahrenden Wagen auffuhren. Wir stiegen alle aus und schauten nach, welchen Schaden der andere Wagen davongetragen hatte. Es war nichts zu sehen, nicht die kleinste Beule, lediglich ein verbogenes Nummernschild. Doch unser Mietwagen sah aus wie ein zusammengeschobenes Akkordeon – noch fahrbar, doch vorne deutlich eingedrückt.

Mark saß still auf dem Rücksitz, während wir mit dem Fahrer des anderen Wagens sprachen und unsere Daten austauschten. Als wir weiterfuhren, drehte ich mich um zu Mark, weil ich wissen wollte, wie es ihm ging, und sah, dass er ganz weiß im Gesicht war. Ich drängte ihn, uns zu sagen, was er wirklich fühlte, woraufhin ich die übliche Antwort erhielt: »Nichts. Alles okay.« Doch seine Gesichtsfarbe strafte seine Worte Lügen.

»Bist du sicher, Mark? Du siehst ein bisschen blass aus.«

»Ach nein, mir fehlt nichts.«

Ich begann, Mark zu sagen, wie ich mich *wirklich* fühlte – dass das Erlebnis mich ziemlich erschreckt hatte, dass mein Herz schneller schlug, dass mein Atem ein wenig flach war und dass mein Körper erst langsam anfing, sich auf die Tatsache einzustellen, dass wir tatsächlich alle in Sicherheit waren.

»Pocht dein Herz auch so stark?«, fragte ich.

»Ja, ich glaube, ich hatte ein bisschen Angst.«

»Das ist ganz normal«, erwiderte ich. »Was ist wirklich in dir vorgegangen, Mark?«

»Nun, ich sah den Abhang auf der linken Seite und dachte, dass wir vielleicht hinunterstürzen würden. Ich dachte, dass wir vielleicht alle sterben würden.«

»Wie hast du dich bei diesem Gedanken wirklich gefühlt?«

»Ich glaube, das hat mir ziemlich große Angst gemacht.«

»Das ist ganz normal, Mark. Mir ist der gleiche Gedanke gekommen. Lass deinen Körper wissen, dass er in Sicherheit ist – es ist ja tatsächlich nichts Gefährliches passiert. Es ist ganz natürlich, dass wir Angst hatten.«

Mark schien erleichtert zu sein, als ich ihn ermutigte, uns einen Schritt-für-Schritt-Bericht über seine wahren Gefühle zu geben, und als ich fragte: »Und was ist jetzt die echte Wahrheit?«, sagte er: »Die Wahrheit ist, dass wir in Sicherheit sind. Wir sind nur ungefähr 10 Stundenkilometer schnell gefahren, und tatsächlich ist nur dem Auto was passiert.«

Die Farbe kehrte in seine Wangen zurück, und für den Rest der Fahrt schien es, als sei er offener geworden, wenn er auch stiller war als sonst. Schließlich, nach unserem kurzen Flug zurück nach England, setzte Kevin mich zu Hause ab und brachte Mark zurück zu seiner Mutter. Auf der Autobahn begannen die beiden, unter vier Augen über die Ferien zu plaudern, von denen sie soeben zurückgekehrt waren. Mark, der die ganze Woche restlos begeistert gewesen war, deutete an, dass er Skifahren eigentlich gar nicht so toll findet. Kevin war sofort klar, dass Mark unbewusst seine Todesangst bei dem Autounfall verallgemeinert und sie auf die gesamten Skiferien ausgedehnt hatte!

Kevin fragte seinen Sohn, ob er bereit sei, jetzt sofort im Auto einen Change Memory-Prozess zu spielen. Mark gab schulterzuckend sein Einverständnis, und so fingen sie an.

Dies waren die Ressource-Ballons, die Mark für sich wählte: Wissen darum, dass er in Sicherheit war, Vertrauen, Wissen darum, dass er überlebt hatte, Humor und Spaß, Mut und Selbstvertrauen.

Als Mark die Unfallszene noch einmal vor seinem inneren Auge ablaufen ließ, dieses Mal allerdings mit seinen hilfreichen inneren Qualitäten, fühlte er sich sicher und mutig und konnte die ganze Situation sogar mit einem gewissen Humor betrachten. Er bemerkte, wie komisch der Mann in dem Auto vor uns ausgesehen hatte und wie freundlich er gewesen war, wie das Auto seinen eigenen Zeitlupen-Eistanz zu machen schien, und dass in Wahrheit niemand verletzt worden war. Nachdem er seine Augen öffnete, sah er endlich wieder wie sein natürliches, strahlendes Selbst aus. Und es war nicht überraschend, dass er das Skilaufen jetzt wieder sehr liebte. Inzwischen kann er es kaum erwarten, wann wir wieder nach Lech fahren.

Wenn Sie »den Dreh« erst einmal heraus haben, werden Sie feststellen, dass die individuellen Teile der Journey oder auch der vollständige Kid's Journey-Prozess in beinahe jeder traumatischen Situation ein Segen sein können. Und vielleicht werden Sie sogar feststellen, dass Sie den Prozess bei sich selbst anwenden möchten!

Vor ein paar Jahren durchlebte Kevin eine ganz andere Situation mit Mark, und Kevin war in der Lage, seine Journey-Werkzeuge bei seinen alltäglichen Gesprächen mit Mark wirkungsvoll einzusetzen. Ich bat Kevin, die Geschichte aus seiner eigenen Erfahrung heraus zu beschreiben. Hier ist sein Bericht:

Wir waren auf der Heimfahrt und sprachen begeistert über die Oldtimer, die wir in dem Automobilmuseum gesehen hatten, als irgendwann eine natürliche Pause in unserem Gespräch entstand. Meine Gedanken schweiften ab und ich erwähnte zu meinem damals achtjährigen Sohn Mark wie nebenbei: »Weißt du, ich habe in letzter Zeit ein paar Probleme mit meiner Nase, was mir das Atmen erschwert.« Ich demonstrierte ihm die Schwierigkeit, die ich hatte, und sagte »Wenn ich diesen Sommer in Kalifornien bin, werde ich mich wahrscheinlich operieren lassen, um das Problem zu beheben.« Mark reagierte nicht. Ein paar Minuten lang sagte er nichts und schien in seinen eigenen Gedanken verloren zu sein. Als ich zu ihm hinüberschaute, merkte ich, dass sich seine Körpersprache verändert hatte. Er war in seinem Sitz zusammengesunken und schaute aus dem Fenster. »Was ist los?«, fragte ich. »Stimmt irgendetwas nicht?«

»Nichts«, war seine Antwort. Er drehte sich immer weiter von mir weg und schaute noch intensiver aus dem Fenster. »Mal ehrlich«, forderte ich ihn auf, »was hast du? Ich sehe genau, dass irgendetwas los ist.« »Nichts.« Dieses Mal in einem Ton, als würde er sagen: »Lass mich in Ruhe.« Ich fuhr an den Straßenrand und stellte den Motor ab. Indem ich mich ihm zuwandte, sagte ich sanft: »Okay, was ist das Problem? Ich kann sehen, dass dich irgendwas stört, doch ich weiß nicht, was es ist.« Wieder kam als Antwort ein »Nichts«, doch dieses Mal in einem Ton, der gleichzeitig trotzig und kläglich war. »Wow«, erwiderte ich leise, während ich in meinem Sitz nach unten rutschte, damit ich auf seiner Höhe sein konnte. »Das hört sich für mich nicht wie eine ehrliche Antwort an. Ich kann vieles an der Art und Weise erkennen, wie dein Körper aussieht, zum Beispiel wie deine Schultern gerade nach unten sinken und wie dein Kopf herunterhängt, und die Art, wie du dich von mir abwendest und auf den Boden schaust – alle diese Dinge sagen mir, dass irgendetwas nicht stimmt. Und weißt du, als dein Daddy halte ich es für meine Aufgabe, für dich zu sorgen und dir in deinem Leben zu helfen – doch ich kann dir nicht helfen, wenn du nicht bereit bist, mich wissen zu lassen, was in deinem Inneren vor sich geht. Wenn es also etwas gegeben haben sollte, das dir Sorgen macht, was könnte das sein? Wenn du in dir etwas gefühlt haben solltest, welches Gefühl könnte das sein? Wie fühlst du dich wirklich?« Mark brach in unkontrolliertes Schluchzen aus. Sein ganzer Körper krümmte sich, von Emotionen überwältigt. Ich hatte ihn noch nie so verzweifelt weinen gesehen. Still wartete ich ein paar Minuten, bis das Schluchzen etwas nachließ, und fragte dann liebevoll: »Also, was ist das Problem? Worum geht es hier *wirklich*?« »Ich habe Angst, dass du stirbst«, flüsterte er zögernd, »wenn du zur Operation ins Krankenhaus gehst. Und dann habe ich keinen Daddy mehr.« Nun kamen mir selbst die Tränen. Ich wusste, dass sein Großvater große Angst vor Krankenhäusern hatte, wusste aber nicht, dass Mark diese Angst so total übernommen und verinnerlicht hatte. Er erklärte mir, dass seiner Überzeugung nach jemand, der ins Krankenhaus geht, wahrscheinlich nicht mehr lebend heraus kommt. »Oh, ich verstehe«, brachte ich schließlich hervor. »Du hast also Angst, dass ich sterben könnte, wenn ich zur Operation ins Krankenhaus gehe.« »Ja.« »Nun«, fuhr ich fort, »lass uns mal schauen, wie wir dieses Problem lösen können.« Ich erklärte, dass ich nur eine kleine Operation benötige und dass sie vollkommen ungefährlich sei. Ich musste nur einen Tag im Krankenhaus bleiben, wahrscheinlich nicht mal über Nacht. Und ich beruhigte Mark, dass ich nie etwas tun würde, was meine Gesundheit gefährdete oder ein Risiko für mein Leben darstellte. »Was ist, wenn ich dir verspreche, dass ich mich vorher genau informieren werde, um die einfachste und sicherste Möglichkeit zu finden, meine Nase reparieren zu lassen, damit ich richtig atmen kann? Würde dir das helfen?« »Ein bisschen«, antwortete er. »Und was ist, wenn ich verspreche, alles mit dir zu besprechen, bevor ich mich operieren lasse? Wenn ich dir versprechen würde, dass wir beide in totalem Einverständnis sein müssen darüber, dass die Operation sicher ist und mir hilft, bevor ich *irgendetwas* machen lasse: Dass wir also *beide* damit einverstanden sein müssen. Würde das helfen?« »Ja.« Dieses Mal konnte ich sehen, dass sein Körper sich entspannte und er wandte sich mir zu. »Es wäre okay, wenn wir beide damit einverstanden sind.« »Richtig«, sagte ich, »so machen wir das. Ich werde alles herausfinden, was ich herausfinden kann, und ich werde nichts unternehmen, bevor wir beide damit einverstanden sind und wissen, dass es sicher ist und genau das Richtige.« Er seufzte und brachte ein schiefes Lächeln zustande. Ich dankte ihm dafür, dass er seine Gefühle mir so mutig mitgeteilt hatte, und fragte ihn dann, ob er sich jetzt bezüglich dieser ganzen Sache besser fühle. Er nickte zustimmend. »Ja, ich bin froh, dass dir nichts passieren wird. Danke, Dad.« Ich wartete noch ein wenig, dann startete ich den Motor und wir fuhren weiter. Ich war sehr froh darüber, dass wir uns die Zeit genommen hatten, Marks unausgedrückte Emotionen zu erforschen, und freute mich, dass die einfachen Formulierungen, die ich gelernt hatte – *wenn es etwas gegeben haben sollte, das nicht richtig war, was könnte das sein? Wenn du innerlich etwas gefühlt haben solltest, was könnte das für ein Gefühl sein?* –, so effektiv beim Hervorlocken verborgener Emotionen waren. Sie hatten Mark geholfen, eine Angst aufzudecken und auf gesunde Weise auszudrücken, die leicht in seiner Seele hätte gespeichert werden können. Innerhalb von Minuten schien Mark zu seinem normalen, glücklichen und erzählfreudigen Selbst zurückgekehrt zu sein; das Problem war offensichtlich gelöst. Ich war froh und erleichtert, dass sich mein unbedacht geäußerter Kommentar nicht aufgrund unterdrückter Gefühle in eine traumatische Zellerinnerung verwandeln würde. Und als wir weiterfuhren, erzählte ich Mark die Geschichte, wie ein Krankenhaus und seine wunderbaren Ärzte und Krankenschwestern mir im Alter von vier Jahren das Leben gerettet hatten, wohl wissend, dass seine echte Angst vor Krankenhäusern wahrscheinlich zu einem anderen Zeitpunkt ein Thema für eine vollständige Kid's Journey sein würde.

Oftmals wissen wir als Eltern nicht, wie wir unsere Kinder auf eine so sensible Weise erreichen können, wie Kevin es mit Mark getan hat. Einige der Journey-Techniken, die er angewandt hat, könnten vielleicht auch für Sie nützlich sein.

Kevin erwähnt, wie er in seinem Sitz nach unten rutschte, um auf gleicher Höhe mit Mark zu sein. Wenn ich Trainer auf ihre Arbeit bei den Journey-Intensiv-Seminaren vorbereite, betone ich immer ausdrücklich, wie wichtig es bei der Journey-Arbeit ist, physisch auf der gleichen Ebene zu sein wie die Personen, die den Prozess durchlaufen. In der Regel machen die Trainer immer wieder die Runde durch den Raum, in dem die Journey stattfindet, um den am Prozess beteiligten Partnern das Gefühl zu geben, dass ihnen bei Bedarf jederzeit Unterstützung und Hilfe zuteil wird. Alle Trainer sind angewiesen, sobald sie sehen, wie jemand seinen Arm hebt, zu dem betreffenden Paar hinzugehen, sich hinzuhocken oder zu knien, um die Partner nicht zu überragen, was sie in die Lage versetzt, dem Betreffenden respektvoll zu begegnen, von Auge zu Auge.

Irgendwie ist es einschüchternd, wenn jemand neben uns steht, der viel größer ist als wir. Es kann dazu führen, dass man viel mehr Angst hat, sich emotional diesem Menschen gegenüber zu öffnen. Erinnern Sie sich, wie Sie sich als Kind in einer solchen Situation gefühlt haben? Erwachsene schienen so riesig und überwältigend zu sein. Bei Kindern rate ich immer, dass Sie sich körperlich auf Augenhöhe mit ihnen begeben, damit die Macht Ihrer physischen Präsenz das Kind nicht völlig einschüchtert.

Darüber hinaus sah Kevin, wie verletzbar Mark zu sein schien, obgleich er seinen Kopf weggedreht hatte. Auf eine sehr sanfte, liebevolle Weise, die direkt aus seinem Herzen kam, überredete er Mark, die Wahrheit zu sagen. Außer dafür Sorge zu tragen, dass wir physisch auf der gleichen Ebene sind wie unsere Kinder, ist es sehr wichtig, eine sichere und einladende *Atmosphäre* zu kreieren, in der sie sich öffnen können. Wenn wir zu eindringlich auf sie zugehen, ziehen sie sich schnell zurück, verschließen sich und machen zu. Sie während ihrer Journey-Arbeit liebevoll zu ermutigen, ist fast immer hilfreich. Wir können Kinder nicht zwingen, etwas zu fühlen, wir können sie nur liebevoll ermutigen und einen sicheren Raum für offene, neutrale Ehrlichkeit schaffen, frei von auferlegten Zwängen.

Und schließlich wandte Kevin eine Variation der Formulierungsweise an, die sich als besonders hilfreich erwiesen hat bei Personen, die Schwierigkeiten haben, an ihre Emotionen heranzukommen oder sie zu identifizieren. Ich benutze diese Art der Formulierung sowohl bei Kindern als auch bei Erwachsenen, und irgendwie funktioniert sie wie ein Schlüssel, um eine Tür zu öffnen, die ansonsten vielleicht verschlossen bleiben würde.

Diese Art der Wortwahl hilft Kindern zu identifizieren, was sie wirklich fühlen, selbst wenn sie nicht mit Sicherheit wissen, was es ist.

Das Wortmuster ist sehr einfach, jedoch sehr effektiv: »Ich weiß, dass du nicht weißt, was du fühlst, doch *wenn du es wüsstest*, frage ich mich, was es wohl sein könnte?«

Auf diese Weise stimmen Sie mit Ihrem Kind überein, dass es nicht wirklich weiß, was es fühlt, während Sie gleichzeitig eine tiefere Reaktion aus seinem Unterbewusstsein hervorrufen. Manchmal kann dieses einfache, aber äußerst wirksame Hilfsmittel die zurückhaltendsten Kinder und hartnäckigsten Erwachsenen dazu bringen, sich zu öffnen.

Sie sollten sich frei fühlen, alle Aspekte der Journey-Arbeit und ihre Werkzeuge in jeder beliebigen Situation des täglichen Lebens zu benutzen. Sie werden über die Reaktion Ihres Kindes und die Wirksamkeit dieser einfachen, liebevollen Kommunikationsweise verblüfft sein.

7

Die enorme Macht der Vergebung

Beim Lesen dieses Buches haben Sie zweifellos festgestellt, dass es in jeder Geschichte unter anderem um Vergebung geht – Vergebung anderen gegenüber, Vergebung sich selbst gegenüber, Vergebung dem Leben gegenüber. Vergebung ist ein wesentlicher Schlüssel in jeder Arbeit mit dem Journey-Prozess. Sie ist tatsächlich der Vorläufer jeglicher Heilung.

Wenn wir vergeben, ist es so, als würde unser Herz endlich allen Schmerz loslassen. Die Kontraktionen der Vorwürfe und Schuldgefühle lösen sich. Die Scham über unsere Verstöße schmilzt dahin, und der eiserne Griff der Bitterkeit und der Enttäuschung wird weicher und löst sich auf. Unser Herz öffnet sich erneut, wir können endlich unsere Geschichten von erlittener oder begangener Ungerechtigkeit aufgeben und wahre Heilung beginnt – emotional, physisch, spirituell, auf allen Ebenen unseres Seins.

Vergebung ist etwas, das wir *für uns selbst* tun. Wir meinen vielleicht, dass wir es für andere tun, dass wir dabei altruistisch seien, doch in dem Augenblick, wo wir vergeben, spüren wir sofort das physische Resultat: Loslassen, Entspannung und Selbstheilung.

In Afrika gibt es einen Eingeborenenstamm mit einem so tiefen Verständnis von Vergebung, dass seine Tradition für uns alle eine Lektion in Demut sein kann. Wenn ein Babemba gegen irgendetwas verstößt – eine der Stammesregeln missachtet, das Gesetz nicht befolgt oder etwas moralisch Verwerfliches tut – versammelt sich das ganze Dorf, um zur Heilung des angerichteten Schadens beizutragen. Sie erachten den Wert eines menschlichen Herzens als so groß, dass seine Heilung die Teilnahme der ganzen Gemeinschaft erfordert.

Jeder Mann, jede Frau, alle Alten und alle Kinder lassen ihre alltäglichen Verrichtungen liegen, um gemeinsam einen riesigen Kreis zu formen. In der Mitte des Kreises steht der Angeklagte. Zunächst wird ein vollständiger Bericht des Tathergangs gegeben; der Verstoß wird ans Licht gebracht, während der Übeltäter mit seinem Tun sozusagen nackt und völlig bloßgestellt den Blicken des ganzen Dorfes ausgesetzt ist.

Dann beginnt einer nach dem anderen, alle guten und großherzigen Taten aufzuführen, die der Angeklagte in seinem Leben geleistet hat. Die Beschreibungen der guten Eigenschaften und Stärken des Angeklagten werden sehr detailliert vorgetragen, spezifische Beispiele sowie umfassende Berichte tatsächlicher Begebenheiten werden erzählt. Jede gute Tat wird mit großer Liebe und Respekt in Erinnerung gerufen. Manchmal dauert die Zeremonie mehrere Tage – so lange, wie es eben dauert, bis alles gesagt ist. Es ist, als würde das ganze Dorf durch dieses Ritual sagen: »Was du getan hast, ist nicht das, was du wirklich bist. In Wirklichkeit bist du ein wunderbares, großartiges Wesen.«

Zum Schluss wird der Kreis aufgelöst und die Person in der Mitte mit offenen Armen wieder in der Gemeinschaft aufgenommen. Und dann wird die Wiedervereinigung mit einem großen Fest gefeiert.

Wenn wir jemandem vergeben, verbinden wir uns mit der Wahrheit darüber, *wer jener Mensch wirklich ist.* Wir erkennen, dass der Verstoß vielleicht nicht akzeptabel war, die betreffende Person dennoch ein wundervolles Wesen ist.

Ich frage mich, wie es für unsere Kinder wäre, wenn wir

ihnen auf die gleiche erleuchtete Weise Gerechtigkeit zukommen lassen würden. Wie würden sie sich wohl entwickeln, wenn wir ihre Missetaten offen darlegten und sie wissen ließen, wie verletzend, schädlich oder gefährlich ihr Aktionen waren – und sie dann an ihre wahre Größe erinnerten.

Was wäre, wenn wir erheblich mehr Zeit damit verbringen würden, unsere Kinder zu loben, ihre guten Eigenschaften hervorzuheben, sie an ihre angeborene Schönheit zu erinnern und ihre guten Taten aufzuzeigen? Was wäre, wenn es Teil der Gerechtigkeit wäre, sie wieder mit der Schönheit dessen zu verbinden, *wer sie wirklich sind*?

Natürlich meine ich damit nicht, dass wir so tun sollten, als würde das negative Verhalten unserer Kinder keine Rolle spielen. Es würde ihnen nicht helfen, wenn wir ihre Aktionen einfach vertuschten. Wir müssen ihnen erklären, *warum* ihr Verhalten verletzend oder falsch war. Doch dann müssen wir selbst auch loslassen, müssen dem Kind rückhaltlos vergeben und den größten Teil unserer Zeit damit verbringen, das Kind wieder mit dem herrlichen, leuchtenden Diamanten seiner eigenen Seele zu verbinden.

Ich frage mich, wie das wirken würde. Es wäre vielleicht einen Versuch wert, nicht nur mit Ihren Kindern, sondern auch mit Ihrem Partner, Ihren Eltern, sonstigen Familienmitgliedern und Freunden.

Als ich klein war, tranken meine Großmutter und ich oft zusammen Tee und sprachen über Philosophie. Sie glaubte fest an die angeborene Würde des menschlichen Geistes und hatte keinen Zweifel daran, dass ich, selbst als Kind, ihre philosophischen Ausführungen verstehen und ihnen folgen konnte. Ich erinnere mich oft daran, wie sie sagte: »Mein Liebling, du musst sehr vorsichtig mit dem sein, *wonach du in einem anderen Menschen suchst.* Du findest immer das, wonach du suchst; wenn du also nach dem Besten in den anderen suchst, dann wirst du auch genau das finden.«

Ich möchte hier einen klaren Unterschied zwischen dem Verhalten und der Person machen. Häufig passieren in unserem Leben Dinge, die vollkommen unakzeptabel erscheinen, zum Beispiel körperliche Misshandlung oder Gewalt, verbale Misshandlung, sexuelle Übergriffe – die Liste ist endlos. *In jeder Kultur ist diese Art des Verhaltens vollkommen unakzeptabel* und wir können dieses Verhalten nicht stillschweigend dulden. Doch genau wie beim Stamm der Babemba, stellen wir auch in der Journey fest, dass wir »Nein« zu dem Verhalten eines Menschen sagen und dennoch dieser menschlichen Seele vergeben können, die die ihr innewohnende Schönheit vergaß. Wir können dem Menschen von ganzem Herzen vergeben und gleichzeitig sein Verhalten klar ablehnen.

Wenn Sie mit Ihren Kindern arbeiten, werden diese Ihre größten Lehrer der Vergebung sein. Die Kinder werden oft vergeben, was zu vergeben wir zu stolz oder zu stur sind. Kinder können oft die einfachen Worte »Es tut mir Leid« auf unvoreingenommene Weise akzeptieren, ihren Freund umarmen, sich wieder vertragen und zurück zum Spielen in den Sandkasten gehen, als sei nichts geschehen. Kindern fällt das Vergeben von Natur aus leicht und sie heilen schnell.

Wenn Vergebung wirklich von Herzen kommt, echt ist und frei von Hintergedanken, fühlt es sich an, als würde eine frische Brise durch unser Herz wehen. Eine erfrischende Leichtigkeit geht mit unserer Entscheidung einher, den Schmerz loszulassen und unser Spiel von Schuld und Vorwürfen zu beenden. Echte Kommunikation kann erst beginnen, wenn wahre Vergebung stattgefunden hat.

Manchmal kann es den Anschein haben, dass etwas einfach nicht verzeihbar ist, dass es keine Möglichkeit gibt, den Schmerz loszulassen oder einen Weg zu finden, um das erlittene Unrecht zu vergessen. Doch wenn wir bereit sind, unseren eigenen Stolz abzulegen und anerkennen, dass liebevoll zu sein wichtiger ist als Recht zu haben, dann wird die göttliche Gnade Berge versetzen, um unsere Herzen zu öffnen und uns zu helfen, heil zu werden.

Es gibt eine Frau, deren Kraft der Vergebung so bewegend ist, dass es mir schier den Atem verschlägt. In diesem wahren Bericht (aus Jack Kornfields wunderschönem Buch *The Art of Forgiveness, Loving Kindness and Peace)* öffnet die Großzügigkeit des Herzens einer Frau unser aller Herzen für die Möglichkeit bedingungsloser Vergebung:

»Auf einer Zugfahrt von Washington nach Philadelphia saß ich neben einem Farbigen, der in Indien für das State Department gearbeitet hatte, jedoch seinen Job gekündigt hatte, um ein Rehabilitationsprogramm für jugendliche Kriminelle im Washingtoner Stadtteil Columbia zu leiten. Die meisten der Jugendlichen, mit denen er arbeitete, waren Gangmitglieder, die getötet hatten.

Ein vierzehnjähriger Junge in seinem Programm hatte einen unbeteiligten Teenager erschossen, um von seiner Gang akzeptiert zu werden. Während des Prozesses saß die Mutter des Opfers teilnahmslos und still im Gerichtssaal, bis zum Schluss das Urteil verkündet wurde. Da stand sie langsam auf, schaute dem Täter voll ins Gesicht und sagte: ›Ich werde dich töten.‹ Dann wurde der Jugendliche abgeführt, um seine mehrjährige Strafe in einem Jugendgefängnis abzusitzen.

Nach dem ersten halben Jahr ging die Mutter des erschossenen Jungen ins Gefängnis, um seinen Mörder zu besuchen. Er hatte vor dem Mord auf der Straße gelebt, und sie war der einzige Mensch, der ihn besuchte. Sie sprachen eine Weile miteinander, und als sie ging, gab sie ihm ein paar Dollar für Zigaretten. Nach und nach begann sie, ihn regelmäßiger zu besuchen, und jedes Mal brachte sie ihm etwas zu essen und kleine Geschenke mit. Kurz vor dem Ende seiner dreijährigen Haftstrafe fragte sie ihn, was er tun würde, wenn er raus käme. Er war verwirrt und unsicher, also bot sie ihm an, ihm einen Job in der Firma eines Freundes zu besorgen. Als Nächstes wollte sie wissen, wo er wohnen würde, und da er keine Familie hatte, zu der er zurückkehren konnte, bot sie ihm die vorübergehende Benutzung eines unbewohnten Zimmers in ihrem Haus an.

Acht Monate lang lebte er dort, aß an ihrem Tisch und machte seinen Job. Dann eines Abends rief sie ihn zu sich ins Wohnzimmer, um mit ihm zu reden. Sie setzte sich ihm gegenüber und wartete. Dann begann sie:

›Erinnerst du dich, wie ich im Gerichtssaal zu dir sagte, dass ich dich töten würde?‹

›Allerdings‹, erwiderte er.

›Nun, ich habe es getan‹, fuhr sie fort. »Ich wollte um jeden Preis verhindern, dass der Junge, der meinen Sohn getötet hatte, auf dieser Erde weiterleben kann. Das ist der Grund, warum ich begann, dich im Gefängnis zu besuchen und dir Sachen zu bringen. Das ist der Grund, warum ich dir den Job besorgte und dich in meinem Haus habe wohnen lassen. Auf diese Weise habe ich angefangen, dich zu ändern. Und jener andere Junge, den gibt es nicht mehr. Da mein Sohn nicht mehr da ist und sein Mörder auch nicht, möchte ich dich heute fragen, ob du hier bleiben willst. Ich habe genug Platz, und wenn du einverstanden bist, würde ich dich gerne adoptieren.‹ Und sie wurde die Mutter des Mörders ihres Sohnes, die Mutter, die er nie hatte.«

Ihre Geschichte ist eine Einladung an uns alle, unsere Herzen der Gnade wahrer Vergebung zu öffnen.

Wenn Sie mit Kindern arbeiten, werden Sie feststellen, dass sie oft so schnell bereit sind zu vergeben, dass sie die Schritte dahin einfach überspringen, um den Schmerz des nochmaligen Erlebens der aufgestauten Verletzungen und Emotionen zu vermeiden, und statt dessen sofort den leichteren Weg wählen – weg von ihrem Schmerz direkt zur Vergebung. Dies ist jedoch in der Regel keine volle oder wahre Vergebung, sondern nur eine Vorspiegelung von Vergebung.

Beim Lagerfeuer-Prozess werden Sie merken, dass es zwei Schritte gibt, die beide absolviert werden müssen, um wirklich vergeben zu können. Zuerst lassen Sie den ganzen aufgestauten Schmerz los, und wenn das geschehen ist, folgt wahre Vergebung ganz natürlich und automatisch. Die Natur lässt nichts leer; wenn Sie also alles Verurteilen, alle Schmerzen, Schuldzuweisungen, Wut, Hass, all die unausgesprochenen Gedanken und Worte vollständig losgelassen haben, wenn alles ausgedrückt und weggespült worden ist, wenn Sie ganz leer sind, dann folgt sofort die Vergebung, um diese Leere zu füllen. Es ist, als wenn all die Liebe, die unter den Schleiern des Schmerzes versteckt war, ans Tageslicht käme. In diesem Moment findet die uns angeborene Liebe in Form von Vergebung ihren Ausdruck.

Erinnern Sie sich, wie Jade von sich aus dem Blumenkübel vergab, ohne dass sie dazu aufgefordert worden war? Sobald sie ihrer Wut Luft gemacht hatte, folgten Vergebung und Mitgefühl als ihre nächste Reaktion. Vergebung hat also zwei Flügel: Das Loslassen der unausgedrückten Emotionen, damit sie nicht länger in unserem Körper gespeichert sind; und dann, aus dieser neuen Freiheit heraus, vollständige, echte Vergebung aus unserem tiefsten Herzen.

Das Gegenteil ist ebenso wahr: Falls nicht alle unausgedrückten Emotionen losgelassen werden, kann es sein, dass sich die Vergebung unvollständig, unecht oder künstlich anfühlt. Haben Sie schon jemals einen Streit mit jemandem gehabt, bei dem Sie sich einfach abgewandt haben, bevor Sie zu einer Lösung kamen und hinterher innerlich schimpften: »Oh, ich *wünschte*, ich hätte dies oder jenes gesagt. Wenn ich *das* doch nur gesagt hätte! Ich hätte sagen sollen … bla bla bla...«? Erkennen Sie sich selbst? Häufig enden diese inneren Streitgespräche damit, dass sie verdrängt werden und sich in eine tiefe Ablehnung verwandeln, selbst wenn wir vielleicht dem anderen sagen, dass wir ihm verziehen hätten. In diesem Fall ist die Vergebung nicht echt, sondern ein reines Lippenbekenntnis – wir sagen die Worte, doch innerlich halten wir auf subtile Weise an unserer Geschichte der Vorwürfe, Verurteilung und Wut fest. Die Zellerinnerung ist nicht vollständig losgelassen und die Zellrezeptoren bleiben blockiert.

Häufig lesen wir in Büchern über Vergebung, dass wir die Worte »Ich vergebe dir« als eine Art Affirmation sagen sollen, doch wenn wir auf diese Weise verfahren, bekommen wir nie die Chance, die gespeicherte Emotion voll zu erkennen und loszulassen. Der Akt der Vergebung mag sich vielleicht im ersten Moment süß anfühlen, doch wenn wir an der Oberfläche kratzen, entdecken wir, dass die nicht angesprochenen Schmerzen und Vorwürfe nach wie vor darunter brodeln. Und wenn wir dann das nächste Mal mit der betreffenden Person eine Auseinandersetzung haben, schnellt die gespeicherte Wut wieder an die Oberfläche, dieses Mal allerdings lauter, stärker, angereichert durch unsere Wut darüber, dass wir nicht gleich beim ersten Mal die Wahrheit über unsere Gefühle zum Ausdruck gebracht haben.

Hatten Sie auch schon einmal das *gegenteilige* Erlebnis? Sie streiten sich mit jemandem und wollen schon mitten drin weggehen, doch dann halten Sie inne und sagen sich: »Dieses Mal werde ich mich nicht zurückhalten. Ich werde diesem Menschen ins Gesicht schauen und ihm sagen, wie verletzt ich bin.« Haben Sie gemerkt, was passiert, wenn Sie Ihr Innerstes nach außen kehren und mit dem anderen über Ihre wahren Gefühle und Ihren tief empfundenen Schmerz reden? Unweigerlich spürt Ihr Gegenüber Ihre Verletzbarkeit und fühlt, dass er die Wahrheit über seine eigenen Gefühle mitteilen kann. Und wenn Sie beide vollständig und total leer sind und alles gesagt haben, kommt die Vergebung ganz natürlich und allumfassend, anscheinend aus dem Nichts. Sie umarmen sich, geben sich einen Kuss, und alles ist wieder gut. Dies sind Auseinandersetzungen, die *nicht* in unserem Körper gespeichert werden: Sie verbrennen ohne Rückstände. Wenn wahre Vergebung stattgefunden hat, sollte es sich so anfühlen, als hätten Sie Ihr Herz reingefegt, als sei eine frische Brise hindurchgeweht. Dann ist die Geschichte des Schmerzes total vorbei. Wenn Sie jedoch irgendetwas zurückhalten und auf den »richtigen Moment« warten, dann fühlt Vergebung sich unbefriedigend an, unvollständig, sogar unecht. Dann ist es höchstens eine teilweise Vergebung, die ein unsauberes Gefühl hinterlässt.

Wenn Sie mit Ihren Kindern arbeiten, ist es daher von größter Wichtigkeit, dass Sie sie ermutigen, *ihre angestauten Gefühle beim Lagerfeuer wirklich an die Oberfläche zu holen und loszulassen.* Sobald sie sich dieser Gefühle entledigt haben, werden sie ganz spontan vergeben wollen. Und wahre Heilung beginnt stets mit rückhaltloser Vergebung, die aus dem Herzen kommt.

»Meine Journey begann, als ich die 10 Stufen hinunterging und meine innere Quelle spürte; es fühlte sich genauso an, wie wenn ich mit meinem Hund spiele oder in der warmen Badewanne sitze. Mein innerer Begleiter war Jesus, weil ich ihm vertraue. Als ich in der Rakete saß, ging ich zu den Augen, weil von da die Tränen kommen, und ich wollte gerne, dass sie aufhören. Ich fühlte mich sehr traurig und verlassen, genau wie damals, als mein Bruder mir wehgetan hat und mich niemand fragte, wie es mir ging. Beim Lagerfeuer waren meine Mama und mein Papa da, und ich fragte sie, warum sie mich nicht gefragt hatten, ob ich okay sei, und sie sagten, dass ich doch alt genug bin und dass Daniel (mein Bruder) nicht weiß, was er tut, weil er erst vier ist. Also vergab ich ihnen, und sie sagten mir, dass es ihnen Leid tut. Die Ballons, die mir halfen, den Film zu verändern, waren Stärke und Mut. Der Körper veränderte sich, und die Tränen hörten auf. Meine Reise nach Hause war toll, und ich fühlte mich viel besser.«

Siobhan

8

Scheidungs- und Beziehungsprobleme

Scheidung ist ein Thema, mit dem sich heute beinahe jede zweite Familie auseinandersetzen muss. Es ist wahrscheinlich das am weitesten verbreitete Problem, auf das Sie bei Ihrer Arbeit mit Kindern stoßen werden, und dennoch handelt es sich dabei um einen Prozess, auf den es nicht nur eine einzige einfache Antwort gibt. Ich bezeichne Scheidung als einen Prozess, da im Gegensatz zum Tod eines lieben Menschen, der plötzlich und unerwartet eintreten kann, Trennung und Scheidung in der Regel im Verlauf mehrerer Monate zustandekommen und – falls besonders prozessintensiv – sich sogar jahrelang hinziehen können.

Selbst wenn wir mit unsern Kindern extrem gewissenhaft umgehen und bewusst versuchen, die Situation so positiv, offen und ehrlich wie möglich zu halten, werden unsere Kinder dennoch unweigerlich alle Arten unausgesprochener Emotionen über den Verlust der Familie als Einheit empfinden. Häufig fühlen sie sich verantwortlich für das, was geschieht, und/oder hilflos. Sie werden versuchen herauszufinden, wer die Schuld hat und wie sie die Situation »reparieren« können. Sie werden ihren Schmerz verinnerlichen, und oft wird dieser Schmerz in ein wütendes, widerspenstiges, aggressives, andere oder sogar sich selbst verletzendes Verhalten umgewandelt.

Es gibt eine solche Vielzahl von Reaktionen, und keinem von uns fällt es leicht, mit diesen Situationen umzugehen. Wir neigen dazu, den Schmerz für uns zu behalten und unsere Urteile nicht auszusprechen, und doch sickert unser Schmerz zuweilen in den unerwartetsten Momenten und in unangebrachter Weise durch. Wenn Sie getrennt leben oder geschieden sind, wird Ihr Kind zweifellos einige persönliche, nicht angesprochene Probleme mit sich herumschleppen. Im Allgemeinen handelt es sich hierbei nicht nur um *ein* Problem, sondern um mehrere, die im Körper und in der Seele des Kindes gespeichert werden, daher ist in der Regel mehr als eine Kid's Journey nötig, um die vielfachen Verletzungen aufzudecken und zu heilen.

Im Falle einer Scheidung sollte *Ihr Kind also mehrere Kid's-Prozesse durchlaufen.* Zweifellos haben unsere Kinder im Laufe mehrerer Monate oft schmerzhafter Auseinandersetzungen einen Großteil des Schmerzes verinnerlicht, und ihre unausgesprochenen Fragen erfordern gesunde und ehrliche Antworten. Ihr Kind wird seine eigenen privaten, anonymen Möglichkeiten brauchen, diesen ganzen Schmerz loszulassen und die Erfahrung der Vorwürfe und des Verurteilens bewusst zu erleben, und es wird Zeit brauchen, sowohl Ihnen als auch sich selbst zu vergeben. Ein Kind in einer solchen Situation muss wirklich verstehen, was passiert ist, um das Geschehen zu akzeptieren, seinen inneren Frieden wieder zu finden und das Thema abschließen zu können.

Wenn es um die Kid's Journeys geht, schlage ich immer vor, dass Ihr Kind seine ersten Prozesse anstatt mit einem Elternteil lieber mit einem vertrauten Freund, Verwandten oder Therapeuten macht. Im Falle einer Scheidung ist dies meiner Meinung nach nicht nur vorzuziehen, *sondern essentiell wichtig.*

Kinder öffnen sich gegenüber Fremden oder entfernten Verwandten leichter, wenn sie wissen, dass der Inhalt ihres Prozesses niemandem weitererzählt wird. Sie werden Gefühle ausdrücken, die sie nie mit ihren Eltern zu teilen wagen würden. Wenn wir als ihre Eltern nicht zugegen sind, um über sie zu urteilen oder sie zu überwachen, werden sie sich sicherer fühlen, ihrer Wut und ihrem Schmerz Ausdruck zu geben, ihre eigenen Antworten zu entdecken und wahre Vergebung in ihrem Inneren zu finden. Daher würde ich Ihnen dringend empfehlen, eine Lieblingstante, einen Lieblingsonkel oder einen vertrauenswürdigen Freund oder Therapeuten zu finden, damit Ihre Kinder das gleiche Gefühl von Sicherheit genießen können, das wir für unseren eigenen Heilungsprozess brauchen.

Kindern steht die gleiche Anonymität zu, die wir für uns in Anspruch nehmen. Und das gilt auch bei den saubersten Scheidungen.

Kürzlich bat unsere liebe, alleinerziehende Freundin Maddie uns um eine private Kid's Journey für ihre Tochter mit einer ausgebildeten Journey-Therapeutin. Die neunjährige Emma ist ein ausgesprochen intelligentes, offenes, ausdrucksvolles und unabhängiges Geschöpf. Emma und Maddie strahlen die liebevollste Mutter-Tochter-Beziehung aus, die man sich vorstellen kann. Jeder würde ihre Beziehung zweifellos als gesund und glücklich bezeichnen, eine Mutter-Kind-Beziehung, wie wir sie alle gerne hätten.

Weihnachten ist jedes Jahr eine sehr schmerzliche Zeit für die beiden, weil Emma am zweiten Weihnachtstag zu ihrem geliebten Vater fliegt, der auf der anderen Seite von Australien lebt. Emma liebt ihren Vater sehr, und Maddie sorgt jedes Mal dafür, dass ihre Tochter diese kostbaren sechs Wochen mit ihrem Vater verbringen kann. Das ganze Jahr lang freut sich Emma auf diese besondere Zeit mit ihrem Vater, doch wenn Maddie ihre Tochter am Weihnachtstag zum Flughafen bringt, ist es jedes Mal ein herzzerreißender und tränenreicher Abschied. Ihre Liebe füreinander ist so groß, und sie sind einander so nahe, dass die sechs Wochen den beiden wie eine Ewigkeit vorkommen.

Maddie kennt ihre Tochter gut. Sie sah, dass Emma zwar offensichtlich mit der gegebenen Situation sehr gut umgehen konnte, sie aber dennoch ungelöste Probleme hatte, die mit der Scheidung zusammenhingen. Sie wusste, trotz der Nähe zu ihrer Tochter, dass sie definitiv *nicht* der richtige Partner für Emmas Kid's Journey war – und tatsächlich bestand Emma sogar darauf, dass sie nicht dabei war! Also rief Maddie das Journey-Büro an und sorgte dafür, dass ihre Tochter eine Therapeutin wählen konnte, mit der sie arbeiten wollte.

Emma war freundlicherweise damit einverstanden, dass wir ihre Geschichte hier wiedergeben, damit alle Eltern sich inspiriert fühlen, ihre Kinder zu unterstützen, auf ihre eigenen privaten Journeys zu gehen. Ihre Therapeutin Suzi hat Emmas Geschichte für uns aufgeschrieben.

»Während der Reise ging Emma zu dem Zeitpunkt zurück, als ihre Eltern sich scheiden ließen. Damals hatte sie sich unfähig gefühlt, ihre Emotionen auszudrücken oder über ihren Schmerz zu sprechen. Am Lagerfeuer stürzte dann schließlich alles auf einmal aus ihr heraus: all die unausgesprochenen Worte, Gedanken, Urteile, Vorwürfe und Verletzungen. Die jüngere Emma begann, ihre Eltern inständig anzuflehen, sich nicht zu trennen. Sie hatte vorher nie die Möglichkeit gehabt, ihren Standpunkt zu vertreten, und sie hatte immer fragen wollen, was sie tun könne, damit ihre Eltern sich wieder liebhaben.

Sie hatte das verzweifelte Bedürfnis, all diese aufgestauten und unausgesprochenen Worte rauszulassen. Als Nächstes wurde sie von einer ungeheuren Wut gepackt, und zwar so sehr, dass sie sich wünschte, sie könne ihre Mutter ins Gefängnis sperren! In all diesen Äußerungen war ihr hilfloser, leidenschaftlicher Wunsch spürbar, ihre Eltern dazu zu bringen, sich wieder zu vertragen. Sie wollte mit allen Kräften einen Handel zustandebringen – kein ungewöhnliches Begehren bei Scheidungskindern.

Nachdem Emma ihre ganze hilflose Verzweiflung und Wut ausdrücken und loslassen konnte, erhielten beide Elternteile schließlich eine Chance, am Lagerfeuer zu Worte zu kommen. Beide erklärten ihre Situation, was Emma als *sehr* hilfreich empfand, und nachdem sie mit ihrem inneren Begleiter gesprochen hatte (ihrer weißen Katze Kabir, die eigentlich ein verkleideter Engel ist!), beschloss sie aus eigenem Antrieb, dass es *gut* ist, ihren Vater an Weihnachten und in den Ferien zu besuchen, weil dies eine besondere Zeit sei, in der sie ganz viel Zeit mit ihrem Vater verbringen kann – etwas, das andere Kinder, deren Vater bei ihnen lebt, oft nicht zu haben schienen. Ihr Vater erklärte ihr, dass er sie von ganzem Herzen liebe, auch wenn er nicht mit ihr zusammenleben konnte. Er fügte hinzu er, dass er auch ihre Mutter liebe – dass sie nur einfach nicht zusammenleben konnten.

Nach einer erschöpfenden Session des Loslassens jahrelang aufgestauten Schmerzes war Emma schließlich in der Lage, ihrem Vater aus tiefster Seele zu vergeben. Doch als die Reihe an ihre Mutter kam, stellte sie fest, dass sie ihr nicht so ohne weiteres vergeben konnte. Da gab es noch mehr Wut und Zorn in ihrem Inneren, die herauskommen mussten. Es passiert oft, dass Kinder dem Elternteil, bei dem sie leben, die Schuld geben, während sie den anderen Elternteil aus der Ferne idealisieren. Dies war zweifellos bei Emma der Fall.

Als der Zeitpunkt gekommen war, ihrer Mutter zu vergeben, war Emma nicht sicher, ob ihre Vergebung wirklich hundertprozentig ehrlich gemeint war, also fragte sie ihren inneren Begleiter, was als Nächstes zu tun sei. Kabir schlug vor, Emma solle sich vielleicht in ihre Mutter hineinversetzen, um zu fühlen, was sie emotional zum Zeitpunkt der Scheidung durchgemacht hatte. Emma folgte dieser Empfehlung, und sie war erschrocken darüber, dort einen völlig vertrockneten, vernachlässigten Garten zu sehen. Sie konnte wahrscheinlich die Einsamkeit und Verwirrung ihrer Mutter fühlen. Emma empfand großes Mitgefühl für ihre Mutter und hatte spontan eine realisierbare Lösung zur Hand. Sie ging in ihr eigenes Herz, wo es einen blühenden

Rosengarten gab, und pflückte dort eine wunderschöne Rose, die sie ihrer Mutter gab.

Auf ihre einfache, kindliche Art drückte Emma ihre Liebe und Vergebung für ihre untröstliche Mutter aus.

Gegen Ende des Lagerfeuers sagte Emma, dass sie ihrer Mutter natürlich keine wirkliche Rose aus ihrem Herzen geben konnte, weil sie ja nur imaginär war. Auf meine Frage: ›Nun, was würdest du denn im richtigen Leben tun?‹, wusste Emma sofort die perfekte Lösung: Sie konnte eine Zeichnung von einem Rosengarten anfertigen und ihrer Mutter dieses greifbare Geschenk als Ausdruck ihrer Liebe geben.

Dann fragte ich: ›Warum stellst du dir dieses Bild nicht *jetzt gleich* vor und gehst dann nochmal in deine Mami hinein und schaust, wie sie reagiert?‹ Emma war einverstanden, und dieses Mal sah sie im Inneren ihrer Mutter anstatt des vertrockneten Gartens voller Unkraut einen herrlichen, blühenden Rosengarten. Als ich Kabir fragte, welche inneren Qualitäten der Garten aufwies, erwiderte Emma, dass Liebe und Verständnis an Stelle der Einsamkeit und Konfusion getreten seien.«

Emma hatte am Lagerfeuer ihren eigenen Schmerz losgelassen, ihren Eltern vergeben und dann geholfen, *deren* Schmerz zu heilen!

Kinder wollen liebend gerne heilen, und ihre angeborene Güte ist so allumfassend, dass sie sich danach sehnen, uns die gleiche Heilung zukommen zu lassen.

Als sie mit ihrem Prozess fertig war, sah Emma wesentlich entspannter, gelöster und heiterer aus, sah aber ein, dass sie noch ein paar mehr Journeys brauchen würde, um sicherzugehen, dass alle Probleme aus jener Zeit hundertprozentig geklärt sind.

Ich habe später erfahren, dass Emma ihrer Mutter letztes Jahr zu Weihnachten nicht nur ein Bild gab, sondern alles, was sie im Laufe des ganzen Jahres gemalt hatte – eine *Fülle* von Liebe. Emma ist ein wunderbares Beispiel dafür, wie viel wir loslassen können, wenn wir uns bei einem hilfsbereiten, neutralen Menschen sicher fühlen. Und sie erinnert uns alle daran, dass die Heilung von dem Schmerz, der durch eine Scheidung verursacht wird, viele Facetten hat.

****

Wenn die Eltern eines Kindes eine besonders anstrengende Beziehung hatten, kann es manchmal passieren, dass das Kind die Wut und Vorwürfe der Eltern in einem solchen Maße verinnerlicht, dass diese Emotionen schließlich in Form von Trotz, kriminellen Handlungen und asozialem Verhalten zum Ausdruck kommen, was unter Umständen dazu führt, dass das Kind Drogen nimmt und gewalttätig wird.

Jayshree, die außergewöhnlich engagierte Lehrerin, über die ich in einem vorherigen Kapitel geschrieben habe, schickte mir die Fallstudie eines solchen Kindes. Mandla war ein trotziger, feindseliger und manchmal gewalttätiger Vierzehnjähriger, der in der Schule so oft sitzengeblieben war, dass er noch immer Grundschulklassen mit zehnjährigen Kindern absolvieren musste. Er wurde so häufig wegen diverser Straftaten vor den Rektor befohlen, dass seine Stammesältesten ihn regelmäßig wegen seiner Übergriffe verprügelten – eine akzeptierte Vorgehensweise innerhalb des Stammes. Außerdem wurde er bei vielen Gelegenheiten von der örtlichen Polizei brutal zusammengeschlagen. Schließlich wurde Mandla Mitglied einer Gang und fing an, Klebstoff zu schnüffeln und zu stehlen.

Seine Mutter Vusi arbeitete als Hausmeisterin an seiner Schule. Sie wusste sich schließlich nicht anders zu helfen, als ihn zu Hause einzusperren, um ihn von weiteren Straftaten abzuhalten, doch es schien alles nichts zu nützen. Er trug seinen eisernen Trotz wie einen undurchdringlichen, kalten Schutzschild vor sich her. Ihm war alles egal, nichts kümmerte ihn. Er hasste die staatlichen Autoritäten, Lehrer und alle Erwachsenen, einschließlich seiner Eltern. Er hasste das Leben selbst. Eine Nuss, die nicht einfach zu knacken war.

Jayshree empfand tiefes Mitgefühl für den gefährdeten Jungen, wenn es auch keine Hoffnung gab, ihm auf die »normale« Weise bei seinem Lernen zu helfen. Sie wusste nicht, was ihm so sehr zusetzte, doch eines Tages gelang es ihr, ihn zu einem privaten Journey-Prozess mit ihr zu überreden, dem dann während der nächsten Wochen drei weitere folgten.

Während Mandla im Laufe dieser Prozesse eine Schicht nach der anderen durchdrang, begann sich sein emotionales Muster zu entfalten. Als er ein kleiner Junge war, hatte sein Vater viele Affären gehabt und mehrere außereheliche Kinder gezeugt. Dem jungen Mandla kam es so vor, als bekämen all diese anderen Kinder, die nicht einmal seine »richtigen« Brüder und Schwestern waren, die ganze Aufmerksamkeit und Liebe, die eigentlich ihm zustand. Er war wütend und fühlte sich von seinem Vater beraubt und betrogen. Irgendwie gelang es ihm, so zu tun, als sei alles in Ordnung, weil seine Mutter diese auch für sie schwierigen Jahre wie eine »Heilige« durchstand. Sie war ein Vorbild an Güte, und obwohl seinem Vater nicht verziehen werden konnte, wusste offensichtlich wenigstens seine Mutter, was richtig und was falsch war. Dies gab ihm die Hoffnung, dass die Welt nicht nur schlecht war, und verlieh ihm so etwas wie Stabilität in seinem ansonsten hoffnungslosen und instabilen Familienleben. Doch als er zehn Jahre alt war, brach Mandlas Welt endgültig zusammen, weil seine Mutter, die offenbar die Nase voll hatte, eine Affäre mit einem anderen Mann einging.

Als sogar seine beinahe heilige Muter nicht das tat, was richtig und gut war, bedeutete dies nach Mandlas Überzeugung, dass das Gute keinen Platz mehr auf der Welt hatte. Wenn für seine Eltern nicht die Regeln dessen galten, was richtig und falsch war, und sie es an der einfachsten Anständigkeit fehlen lassen konnten, dann musste auch er keine Regeln mehr befolgen. Von jenem Augenblick an zeigte er der Welt den Finger und sagte:

»Ist doch alles scheißegal! So etwas wie Richtig und Falsch gibt es nicht, es gibt nichts Gutes mehr auf der Welt, warum sollte ich mich also anstrengen?«

Da für ihn die Regeln nicht galten, sah er nicht ein, warum er in die Schule gehen sollte, ganz zu schweigen davon, seine Hausaufgaben zu machen. Stattdessen beschloss er, ein Leben außerhalb der gesellschaftlichen Regeln zu führen. Es schien ganz natürlich, dass er sich mit anderen gesetzlosen Jugendlichen zusammentat, die auch nicht mehr an das Gute glaubten. Sie waren die Einzigen, die verstanden, dass Regeln und Gesetze nicht das Geringste bedeuten.

Während seines Journey-Prozesses ließ Mandla endlich seine herzzerreißende Wut und den Zorn gegenüber seinem Vater los. Er schrie seine Wut darüber hinaus, dass er »Bastard«-Brüder und -Schwestern hatte, und drückte seinen tiefen Schmerz darüber aus, dass er sich nie von seinem Vater so geliebt oder besonders behandelt gefühlt hatte, wie es ihm als einzigem legitimen Sohn zugestanden hätte. Er schimpfte über seine Mutter und darüber, wie seine Welt zusammengebrochen war, als sie eine Affäre begann und er nicht mehr wusste, was richtig oder falsch war. Vor lauter Wut war ihm alles egal.

Als Mandla seinem Zorn und seinem Schmerz endlich Luft gemacht hatte, begann er als Vierzehnjähriger zu verstehen, was er als Zehnjähriger nicht hatte verstehen können: Wie groß der Schmerz seiner Mutter gewesen war, wie ungeliebt *sie* sich gefühlt hatte, wie betrogen und verletzt sie gewesen war, und wieviel sie um seinetwillen nicht davon gezeigt hatte. Er begriff, wie sehr seine Mutter ihn liebte, und erkannte, dass ihr Schmerz dem seinen sehr ähnlich war. Endlich war es ihm möglich, seiner Mutter zu vergeben, und durch diese Vergebung entstand ein Riss in seiner trotzigen Abwehr, durch den ein kleines Licht zu scheinen begann.

Sechs Monate und drei Prozesse später war Mandla ein vorbildlicher Schüler. Jayshree sagt, dass er heute stets seine Hausaufgaben macht und in die nächste Klasse aufgerückt ist. Er hat sich von der Gang losgesagt, schnüffelt keinen Klebstoff mehr, und die natürliche Güte, die ihn als kleiner Junge immer ausgezeichnet hatte, leuchtet wieder.

Jayshree schickte mir diesen wunderschönen Brief von Mandlas Mutter Vusi:

»Mein Sohn tat sich mit einer Clique von Jugendlichen und Halbstarken zusammen, die nicht mehr in die Schule gingen, Klebstoff schnüffelten, randalierten, auf Raubzüge gingen und die Squatters (inoffizielle Ansiedlungen, vergleichbar mit Gettos) bestahlen. Manchmal verschwand er für zwei Wochen und kam dann nach Hause, übersät mit Hautkrankheiten, einer blutenden Nase vom Klebstoffschnüffeln und abwesend wie ein Zombie. Er wollte nicht mehr in die Schule gehen. Er war bereits dreimal sitzengeblieben und zu alt für seine Klasse. Er machte nie seine Hausaufgaben und lehnte es ab, sich mündlichen Prüfungen zu unterziehen. Ich gab auf und bat meinen Kollegen an der Schule schweren Herzens, ihn jeden Tag zu verprügeln. Doch auch das nützte nichts, denn er riss nach wie vor aus, kam zurück, wurde wieder geschlagen, riss wieder aus – ich konnte es nicht mehr ertragen!

Schließlich beschloss ich, die Polizei anzurufen und ihn einsperren zu lassen! Doch Gott schickte uns Rettung, indem mein Sohn Mandla in der Klasse einer guten Lehrerin landete, die mich bat, ihn nicht mehr zu schlagen und auch nicht die Polizei zu rufen. Ich dachte, diese Lehrerin ist verrückt! Wie konnte sie jemandem wie Mandla helfen, wenn alles andere versagt hatte? Sie bat um ein wenig Zeit, um ihm zu helfen, und ich sagte Ja.

Jesus! Diese Lehrerin, sie muss magische Kräfte haben! Sie erklärte, dass es Journey heißt, aber für mich ist es immer noch Magie! Sie setzte sich jeden Tag ein paar Minuten mit ihm hin und half ihm mit Dingen, die er in seinem Kopf sah, und es war erschreckend! Mein Mandla wurde über Nacht ein anderer!

Er begann, wieder gerne in die Schule zu gehen, fand bessere Freunde, lachte und spielte. Es war Muttertag, und mein Sohn ging ins Dorf, wo er die Lebensmittel zu den Autos brachte und 20 Rand dafür bekam. Er kam nach Hause und sagte: ›Ma, das ist für dich. Einen lieben Glückwunsch zum Muttertag! Außerdem mache ich dir jetzt eine Tasse Tee!‹

›Das ist mein Mandla!‹, weinte ich vor Glück. ›Mein *richtiger* Mandla. Vielen Dank, Jesus! Danke, Journey-Magie! Danke, Ma Mannie!‹

Mandla ist jetzt in der fünften Klasse und sehr glücklich. Wir alle sind sehr glücklich. Mandla sagt, wenn er eines Tages ganz viel Geld hat, wird er seiner Lehrerin viele Geschenke kaufen! Er mag sie so sehr! Ich auch! Er ist gut in der Schule, macht seine Hausaufgaben und arbeitet hart. Er ist ein so guter Junge, mein Mandla!«

Vusis sehr emotionaler und aus dem Herzen kommender Brief spricht Bände zu den Herzen aller Eltern und ist ein Zeugnis dafür, dass selbst in den anscheinend schrecklichsten Umständen unsere Kinder ihre wahre Güte wiederentdecken können. Ihre Geschichte schenkt uns allen die Hoffnung auf wahre Heilung und Vergebung.

****

Die Geschichten über Heilung von Scheidungs- und Beziehungsproblemen sind so vielfältig und unterschiedlich, dass ich ein ganzes Buch darüber schreiben könnte und dennoch nur die Oberfläche berühren würde. Doch in allen Fällen haben wiederholte Journey-Prozesse diesen jungen Menschen geholfen, sich von ihren Schmerzen zu befreien.

Liebe Brandon, lieber Kevin,

Ich möchte euch für eure Journey-Arbeit danken. Sie hat mein Leben verändert, weil ich heute viele Dinge erkenne, die ich vorher nicht erkannt habe. Wie zum Beispiel, dass meine Mami mich tatsächlich liebt, denn vor der Journey-Arbeit war ich mir da nicht sicher. Und ich hatte gedacht, dass mein Papa mich nicht sehen will (weil er weggegangen ist, als ich vier war). Heute weiß ich, dass er einfach noch nicht in der Lage war, eine Beziehung mit mir zu haben, und dass er mich wirklich liebt. Weil ich vor der Journey-Arbeit geglaubt habe, dass er mich nicht liebt, habe ich mich immer ungewollt und ungeliebt gefühlt. Das hat sich auf mein Verhalten ausgewirkt, denn ich habe immer versucht, zu Hause und in der Schule die Aufmerksamkeit der anderen auf mich zu ziehen. Zum Beispiel habe ich in der Schule meine Wut an meinen Lehrern ausgelassen, und im Unterricht bin ich immer aufgestanden, damit sie mich bemerken. Wenn jemand sagte, dass er seinen Vater besuchen würde, habe ich mich einsam gefühlt.

In der Schule war ich ständig in Schwierigkeiten. Keiner von den Schülern war länger in einem Förderprogramm für schwierige Kinder als ich. Seit der Journey-Arbeit brauche ich dieses Programm nicht mehr, und keiner der Lehrer hat sich je wieder über mich beschwert.

Und seit meine Mami von meiner Journey-Arbeit gehört hat, sagt sie so nette Dinge zu mir wie: ›Warren, ich bin so stolz auf dich‹, was sie vorher nie gesagt hat. Sie ist tatsächlich so stolz auf mich und froh, dass sie mir jede Menge Computerspiele gekauft hat.

Ich fühle mich besser mit meiner Mami, und wir sind uns heute viel näher. Ich finde, dass Journey-Arbeit in allen Schulen benutzt werden sollte, weil sie mein Leben echt verbessert hat.

Ich möchte euch nochmal dafür danken, dass ihr diese Arbeit macht. Heute hat mein Leben einen Sinn.

Mit den besten Wünschen,

Warren«

9

Stärkung innerer Ressourcen

In den vorhergehenden Kapiteln haben wir anhand der inspirierenden Geschichten von Kindern gelernt, wie die Journey im praktischen Leben funktioniert. Wir haben von spezifischen Werkzeugen erfahren, die Teil einer jeden erfolgreichen Journey sind; wir haben die magischen Schritte kennengelernt, die uns in die Präsenz der Liebe in unserem Inneren tragen, und wir haben von dem imaginären Begleiter gehört, der uns Zugang zu unserer eigenen tiefen inneren Weisheit geben kann. Wir haben von dem speziellen Raumschiff erfahren, mit dem wir in den Körper reisen können, um bestimmte Zellerinnerungen aufzustöbern; und wir haben gelernt, wie wichtig es am Lagerfeuer ist, die aufgestauten Emotionen aus den alten Erinnerungen auszudrücken, loszulassen und zu vergeben. Wir haben von der heilenden Kraft wahrer Vergebung erfahren und herausgefunden, dass unser innerer Begleiter uns Antworten auf Fragen geben kann, die vorher nie beantwortet wurden. Und schließlich haben wir gelernt, dass es möglich ist, unser eigenes Potenzial freizusetzen und dass unsere Körper in der Lage sind, sich auf natürliche Weise selbst zu heilen. Wir haben erkannt, wie wichtig es ist, die Vergangenheit zu klären, loszulassen und uns unserer eigenen Ganzheit, Genialität, Liebe, Kreativität und Freude zu öffnen.

Ein sehr wichtiger Aspekt des Journey-Prozesses besteht darin, dass wir nach dem Loslassen alter, ungesunder Denk-

und Verhaltensmuster unsere Zellen positiv umprogrammieren, damit wir in Zukunft gesünder auf schwierige Situationen reagieren können.

Unser *Gehirn* funktioniert ähnlich wie ein Computer. Es wird unser altes Programm auf Autopilot laufen lassen und immer dieselben Schritte vornehmen, wieder und wieder dieselben negativen Muster ablaufen lassen – so lange, bis wir ihm eine *neue* Software geben. Wenn wir dem Gehirn gesündere, konstruktivere Optionen anbieten, *wird es immer das hilfreichere, positivere Programm wählen.*

In dem Change Memory-Prozess sehen wir vor unserem inneren Auge, wie wir in der damaligen Situation gesünder reagiert hätten, wenn diese stärkenden Ressourcen damals für uns verfügbar gewesen wären – und wir sorgen dafür, dass wir in Zukunft mit ähnlichen Situationen besser umgehen können.

Nachdem Sie die vollständige, in Ihren Zellen gespeicherte Erinnerung aufgedeckt haben, projizieren Sie sie im Change Memory-Prozess auf einen Bildschirm. Nachdem Sie sich das noch mal angesehen haben, tritt Ihre damalige, jüngere Version aus dem Bildschirm heraus und kommt ans Lagerfeuer, wo Ihr innerer Begleiter ihr die erforderlichen Ballons überreicht. In jedem Ballon ist eine innere Qualität oder ein kraftspendendes Hilfsmittel gespeichert, das zum Zeitpunkt der Erinnerung nützlich gewesen wäre; Eigenschaften wie Selbstwertgefühl, Selbstvertrauen, Liebe, Mut, Ausdrucksfähigkeit, Spaß, kreative Kommunikation, Sinn für Humor, eine Kristallkuppel (damit jegliche Kritik an uns abperlen kann), Verständnisfähigkeit, Weisheit etc.

Wenn es also zum Beispiel um eine Szene geht, wo unser Vater uns angeschrieen hat, erhalten wir vielleicht einen Ballon des Verständnisses dafür, dass er einfach in einer schlechten Stimmung ist; einen anderen Ballon der Selbstliebe und einen der Kommunikation (damit wir zu einem späteren Zeitpunk mit ihm sprechen können, wenn er sich beruhigt hat und zuhören kann). Oder vielleicht erhalten wir einen Ballon, der uns hilft, an den richtigen Orten nach Liebe zu suchen – Liebe von Menschen oder Haustieren, die sie in diesem Moment geben können. Vielleicht erhalten wir einen Ballon der Gewissheit, dass unser Vater uns wirklich liebt und dass es ihm momentan einfach schlecht geht, und wir erhalten definitiv einen Ballon mit der Kristallkuppel, die uns ermöglicht, alle Kritik von uns abperlen zu lassen, die aus Vaters eigenem Schmerz geboren wurde, und die gleichzeitig Vaters Liebe durchscheinen lässt.

Mit jedem Ballon atmen wir die entsprechende Eigenschaft ein, damit sie sich in unserem ganzen Körper verteilen und unser ganzes Wesen erfüllen kann. Mit all diesen hilfreichen und positiven Ressourcen versehen, gehen wir wieder in den Bildschirm hinein und spielen die Szene so durch, *wie sie abgelaufen wäre*, wenn uns damals all diese inneren Qualitäten zur Verfügung gestanden hätten.

Für die jüngeren unter meinen Lesern: Du wirst also in diesem Fall immer noch sehen, wie Papa dich anschreit, allerdings fühlst du dich jetzt von Liebe erfüllt und verstehst, dass er einfach nur schlechte Laune hatte. Seine Kritik kann dich nicht verletzen, sie perlt einfach nur von dir ab, und du weißt, du kannst zu einem späteren Zeitpunkt mit Papa reden, wenn er in besserer Stimmung ist, und ihm von deinen Gefühlen erzählen. In der Zwischenzeit gehst du mit deinem Hund spazieren oder mit deinen Freunden spielen und ruhst in deiner eigenen Selbstliebe.

Als Erstes siehst du also die Szene auf die alte Weise, und nachdem du deine Ballons erhalten hast, durchlebst du sie noch mal, aber diesmal auf die neue, positive, freudige und freie Art.

Wenn dein Gehirn erst einmal diese gesündere Art erfahren hat, dann wissen dein Gehirn und dein Körper, wie sie positiver damit umgehen können, sollte die gleiche oder eine ähnliche Situation in Zukunft noch einmal auftreten. Vergiss nicht, *dein Gehirn wird immer das positivste Programm wählen, das zur Verfügung steht.* Wenn also der Change Memory-Prozess deine Vergangenheit auch nicht ändern kann, kann er dir auf jeden Fall die nötige Kraft geben, in Zukunft gesünder darauf zu reagieren.

Der Change Memory-Prozess ist einfach und macht Spaß, doch er ist äußerst wirkungsvoll. Letztendlich ermöglicht er uns und unseren Kindern zu wissen, dass wir in zukünftigen Situationen positiv und frei reagieren können. Eine Mutter schrieb uns einen inspirierenden Bericht darüber, wie ihre Tochter ihre Ressourcen-Ballons benutzte, um ihren lange gehegten Traum zu verwirklichen, in einem Musical aufzutreten:

»Meine neunjährige Tochter Alana singt und tanzt, und ihr Ziel oder ihr Traum war, eine Rolle in einem richtigen Musical zu ergattern. Im Laufe des Jahres hatten wir viele Journeys gemacht, bei denen sie sich selbst unter anderem Ballons für Selbstvertrauen, Mut, Glauben an sich selbst und Vertrauen gegeben hatte – dies waren die wichtigsten. Sie ging zu einigen Vorsprechproben, bei denen über 1.000 Kinder auf ihre Chance warteten, wurde nicht genommen und gab sich selbst bei nachfolgenden Journeys Ballons für Ausdauer und für das Lernen aus ihren Erfahrungen. Sie stellte sich vor, wie sie in Zukunft auf der Bühne stehen würde und sah sich voller Selbstvertrauen singen und tanzen, und sie wusste, dass sie ein Talent hatte, den Menschen durch ihren Auftritt Freude zu bereiten. Sie sah es, visualisierte es, wusste es, sah die einzelnen Schritte, die es ihr ermöglichen würden, diese Zukunft zu realisieren. Sie besaß die Macht des absoluten Glaubens an sich selbst – keine Spur von kritischem Bewusstsein!

Dann kam der Tag, als sie von einer Anzeige in der Tageszeitung erfuhr, in der eine bekannte Theatergruppe Kinder zum Vorsprechen für *The Sound of Music* aufrief. Mehr als 365 Kinder waren erschienen, und Alana sprach für die Rolle der

Marta vor, der zweitjüngsten Tochter der Trapp-Familie. Fünfundzwanzig Kinder wurden erneut vorgeladen, von denen zwölf ausgewählt wurden – zwei Ensembles von jeweils sechs Kindern für die Rollen der jüngsten Geschwister der Familie. Alana war eine der 25.

Im Auto auf dem Weg zum Vorsprechen war sie müde, und jedes Mal, wenn sie ihr Lied probte, war es, als würde ihr etwas in der Kehle stecken. Ich brachte sie dazu, ihre Augen zu schließen und führte sie in einer Art »verkürzter Journey« die Stufen hinunter. Ich improvisierte einen »Heilungskristall«, der sich in ihrer Kehle drehte und alles entfernte, was sich da angesammelt haben mochte. Dann gab ich ihr einen Ballon mit der Stimme einer Nachtigall, damit sie frei und unbefangen singen konnte.

Sie öffnete ihre Augen, fühlte sich erfrischt, war in der Lage, wunderschön zu singen – *und sie bekam die Rolle*! Die Proben beginnen im Februar, und Premiere ist im Mai. Alana zeichnet sich unter ihren Klassenkameraden durch ihr immenses Selbstvertrauen und ihre innere Kraft aus und sie benutzt den Journey-Prozess, um ihren Freundinnen bei der Lösung ihrer Probleme zu helfen. Was mir wieder einmal zeigt, wie einfach es für unsere Kinder ist, sich selbst Kraft zu geben. Sie sind so bereit, zu akzeptieren, so offen, und es ist leicht, ihnen bereits in jungen Jahren zu zeigen, dass sie ihr eigenes Leben kreieren können!«

Ressourcen-Ballons können definitiv eine ungeheuer stärkende Wirkung auf das Selbstvertrauen und die Fähigkeit unserer Kinder bezüglich zukünftiger Situationen ausüben.

Wie Sie wissen, wird die Kid's Journey gegenwärtig in Hilfsorganisationen für misshandelte Kinder und in Entzugsprogrammen angewandt. Angie, eine unserer ausgebildeten Begleiterinnen, hat besonders gute Arbeit mit einem Jugendprogramm in Soweto, Südafrika, geleistet. Teil der Vision für diese Jugendgruppe ist es, den Jugendlichen zu ermöglichen, die ihnen angeborene Würde zu erkennen und ihr Selbstwertgefühl zu stärken, damit sie sich freiwillig entscheiden, keine Drogen zu nehmen und sich weigern, ihre Körper sexuell oder physisch misshandeln zu lassen. Jedes dieser Kinder hat mehrere Journey-Prozesse durchlaufen, und es ist eine große Freude, sie zu besuchen und ihnen zuzuhören. Neben den Journeys lernen sie, Musik zu machen und die Tänze ihrer eingeborenen Kultur aufzuführen. Vor kurzem lud ich die ganze Gruppe ein, unser Journey-Intensiv-Seminar für Erwachsene in Johannesburg zu besuchen. Die Jugendlichen waren nicht nur absolute Vorbilder für Selbstvertrauen, innere Schönheit und Freude – darüber hinaus entzückten sie uns mit einer Aufführung von Liedern und Tänzen, die so aus dem Herzen kam, dass bei den Zuschauern kaum ein Auge trocken blieb.

Es gibt ein paar Ballons, die wir als Therapeuten in Fällen physischer, sexueller und verbaler Misshandlung als besonders nützlich erkannt haben. Wenn wir auch die Vergangenheit nicht ungeschehen machen können, haben wir dennoch die Möglichkeit, unseren Kindern und Jugendlichen bestimmte innere Ressourcen zu geben, die ihnen in der Zukunft sehr helfen können.

Wenn es um sexuellen Missbrauch geht, wird das Kind sehr oft das Gefühl haben, als sei es für sein ganzes Leben »befleckt« – als gäbe es da einen Schmutzfleck, der einfach nicht weggerieben werden kann. Wir haben herausgefunden, dass es sehr nützlich ist, dem Kind einen Ballon der Erkenntnis zu geben, dass seine *Seele* ein strahlender Diamant ist – klar, makellos und rein. Wir helfen den Kindern zu verstehen, dass im Laufe unser aller Leben immer wieder schlimme Dinge mit unserem Körper passieren (zum Beispiel wenn wir älter werden und unter Umständen Katheter und alle möglichen anderen Schläuche an unserer physischen Form befestigt werden), die makellose Reinheit und das Strahlen unserer inneren Essenz bleibt jedoch unberührt von allem, was mit unserer äußeren Form geschieht.

Kinder, die von anderen schikaniert werden, können oft gut

einen Ballon gebrauchen, der ihnen den Mut gibt, »Nein« zu sagen. Manchmal ist auch Kreativität bei der Kommunikation sinnvoll: zum Beispiel Wasserpistolen, jemanden mit einem wassergefüllten Ballon zu bewerfen, Kitzeln, Schreien und Lachen – alle diese Mittel eignen sich dazu, ein negatives Muster zu unterbrechen. Zuweilen ist allerdings nichts anderes nötig als die Fähigkeit, um Hilfe zu bitten. Sehr oft wissen Kinder und Jugendliche nicht, dass es Organisationen gibt, die in solchen Situationen helfen können, oder dass sie sich an ihren Lehrer, Schulpsychologen oder an ihre Eltern wenden können.

Im Falle verbalen Missbrauchs ist eine Kristallkuppel fast immer nützlich. Die klare Kuppel lässt alle harschen, verletzenden Worte abperlen, während das Kind warm und geschützt im Inneren dieser Kuppel sitzt, in seinem eigenen Frieden ruhend. Nur die Energie der Liebe kann die Poren der Kuppel durchdringen. Mit der Kristallkuppel geht die Erkenntnis einher, dass Menschen etwas Böses oder Verletzendes sagen, weil sie irgendeinen Schmerz empfinden und ihr Problem auf eine verzerrte und ungelöste Weise ausagieren. Auch ein Ballon des Mitgefühls ist in solchen Situationen sehr nützlich.

Ein Ballon innerer Kraft ist in *beinahe jeder* Situation von Vorteil. Zu wissen, dass unsere wahre Essenz ein Diamant ist, eine Präsenz der Liebe, des Friedens und der Freude, ist immer hilfreich.

Auch die Weisheit, das umfassendere Bild zu sehen, ist oft nützlich. Erinnern Sie sich an Mandlas Geschichte, wie er mit 14 verstehen konnte, dass seine Mutter unter einem ähnlichen Schmerz litt wie er selbst – etwas, das er im Alter von 10 Jahren nicht verstanden hatte.

Manchmal braucht ein Kind einen Ballon für eine Qualität, die uns offensichtlich erscheint, dem Kind jedoch nicht so klar ist. »An den richtigen Plätzen nach Liebe suchen« kann ein sehr nützlicher Ballon sein. Wenn wir als Eltern unter Stress stehen, hängen wir oft ein unsichtbares »Bitte nicht Stören«-Schild an unsere Tür. In solchen Fällen ist es so, als hätte Ihr Kind Scheuklappen auf; es sieht nur das, was unmittelbar vor ihm liegt und denkt, dass die einzigen Menschen, bei denen es Liebe finden kann, seine Eltern sind. Diesem Kind hilft es in einem solchen Augenblick unter Umständen mehr, die Scheuklappen abzunehmen, sich umzudrehen und sich den Rest der Welt anzuschauen. Es gibt ein paar Milliarden Menschen da draußen, und vielleicht sind ein paar der Näherstehenden in der Lage, in jenem Moment dem Kind die Liebe zu geben, die es braucht. Es könnte sogar ein Hund oder ein Teddybär oder die Mutter eines Freundes sein, die diese Wärme vermittelt. Daher kann es ein gutes Hilfsmittel sein, in bestimmten Augenblicken nach Menschen Ausschau zu halten, die gerade Liebe geben können.

Die meisten Kinder werden einen Ballon mit Sinn für Humor haben wollen. Ich glaube, wir alle stimmen überein, dass das Leben viel leichter wäre, wenn wir uns selbst und andere nicht immer so ernst und persönlich nehmen würden. Und ich schlage jedes Mal noch einen Ballon für Selbstwertgefühl und Selbstvertrauen vor. Mir fällt beim besten Willen keine Gelegenheit ein, in der diese Eigenschaften nicht nützlich wären.

Während Sie mit Ihren Kindern arbeiten (und mit Ihren erwachsenen Freunden), werden Sie feststellen, dass die perfekten Ballon-Qualitäten spontan auftauchen, indem Sie sich entspannt dem Prozess hingeben. Es ist gut, Ihr Kind vorher zu fragen, was seiner Meinung nach nützlich ist, und wenn ihm nichts mehr einfällt, zur Sicherheit ein paar extra Vorschläge anzubieten. Im Laufe der Zeit und mit Übung werden Sie merken, dass – anscheinend aus dem Nichts – mehr und mehr Ideen für kreative Ballons aufsteigen. Erinnern Sie sich, wie Alanas Mutter ihrer Tochter den vibrierenden Kristall gab, der ihre Kehle frei machte, und einen Ballon, der dafür sorgte, dass sie wie eine Nachtigall sang? Obwohl keine dieser Eigenschaften zu den »Standard«- Qualitäten gehören, mit denen wir arbeiten, waren sie äußerst passend für die Situation. Daher hoffe ich, dass Sie sich inspiriert fühlen, Ihrer eigenen Kreativität und der Ihrer Kinder freien Lauf zu lassen.

Vielleicht haben Sie schon einmal den Ausspruch »Weniger ist mehr« gehört? Nun, wenn es um die Ballons geht, ist weniger *nicht* mehr. *Mehr* ist mehr! Legen Sie sich also bei Ihrer Wahl innerer Ressourcen keine Zügel an.

10

Und die Liebe ist die Größte unter ihnen

Nachdem all dies gesagt und getan wurde, ist das größte und heilendste Geschenk die Liebe, von der Sie erfüllt waren, als Sie sich für dieses Buch entschieden haben: die immense Kraft Ihrer eigenen Liebe für Ihr Kind. Kein Prozess, kein Werkzeug und keine Technik kann auch nur im entferntesten Ihre Liebe, Ihre Bewunderung und Ihr Lob ersetzen. Tatsächlich können die in diesem Buch beschriebenen Prozesse nur durch die magische, transformierende Energie Ihrer Liebe lebendig werden. Wahre Heilung beginnt im warmen Umfeld der Liebe, die Sie Ihrem Kind bieten, und kein anderer kann das so wie Sie. Diese Liebe kann nur aus Ihrem eigenen Herzen kommen.

Ich bete darum, dass wir nie unterschätzen, wie tief unsere Liebe alle Situationen durchdringen kann, oder wie effektiv sie ist, wenn es darum geht, *so gut wie jede* Situation zu erleichtern und zu heilen.

Kürzlich las ich in einem Wissenschaftsmagazin, dass Quantenphysiker festgestellt haben, dass die Gedanken und Erwartungen der Wissenschaftler, die ein Experiment vornehmen, das physische Resultat der Forschung beeinflussen. Es ist phantastisch, dass die Wissenschaft tatsächlich die Wirkung beobachten kann, die unsere Gedanken auf beweisbare Resultate ausüben.

Vor ungefähr einem Jahr konnte ich das selbst aufs Deutlichste erfahren. Ich hatte ein Erlebnis von Liebe, das mich völlig verblüffte und ein für allemal meine Perspektive hinsichtlich der ungeheuren *Macht* ihrer Heilungskraft veränderte. Jemand gab mir einen wunderschönen Strauß weißer Lilien und cremefarbener langstieliger Rosen. Ich schnitt die Stängel kürzer, arrangierte die Blumen in einer Vase mit frischem Wasser, und mehrere Tage lang blühten sie in ihrer ganzen Pracht. Sie *platzten* regelrecht vor Lebendigkeit. Dann eines Morgens, als ich mich zu einem Seminar aufmachte, stellte ich die Vase auf der Veranda in den Schatten, weil ich meinte, dass sie vielleicht die kühle Herbstluft genießen würden. Als ich gegen Abend nach Hause zurückkam, stellte ich fest, dass die Vase umgestürzt und das ganze Wasser herausgelaufen war. Meine herrlichen Lilien sahen schlapp und verwelkt aus, die Ränder waren braun und die Blütenblätter teilweise abgefallen. Die Rosen ließen allesamt ihre Köpfe hängen. Ich nahm die Blumen, lief sofort ins Haus, beschnitt ihre Stängel und steckte sie in die Vase zurück, füllte sie mit frischem Wasser und hoffte halbherzig, dass das Wasser sie irgendwie erfrischen möge. Ich war schon immer eine Blumenliebhaberin, daher waren mir ihre Lebenszyklen wohlbekannt, und ich hatte keine große Hoffnung, dass sie tatsächlich zum Leben zurückkehren würden. Doch ein Versuch konnte nicht schaden.

Als ich am nächsten Morgen aufwachte, sahen meine armen Lilien völlig leblos aus, unfähig, Kraft aus dem Wasser zu saugen, und die Rosen ließen nach wie vor ihre Köpfe hängen, was mir anzeigte, dass wirklich nicht mehr viel Leben in ihnen steckte. Ich hatte noch nie erlebt, dass eine Rose ihren Kopf wieder aufrichtet, nachdem er schwer herunterhing. Wahrscheinlich würde ich nachmittags den ganzen schönen Strauß wegwerfen müssen, da er ansonsten zu stinken beginnen würde.

Während ich die Blüten betrachtete, fühlte ich mich plötzlich von ihrer zerbrechlichen Schönheit tief berührt. Ich erkannte, welch herrlicher Ausdruck der Natur sie waren. Ich setzte mich zu ihnen hin und begann innerlich, ihnen für die Lieblichkeit zu danken, die sie mir in den letzten paar Tagen geschenkt hatten. Ich pries ihre edle Schönheit und bewunderte ihre winzigen Streifen und die Nuancen ihrer Farbschattierungen. Ich verlor mich völlig in tiefer Dankbarkeit dafür, dass es mir gestattet war, eine solche Köstlichkeit mit eigenen Augen sehen zu dürfen.

Als ich mich umwandte und zur Arbeit gehen wollte, fühlte ich einen Kloß in meiner Kehle darüber, dass solch zarte Schönheit so kurzlebig und zerbrechlich sein sollte. Auf dem Weg zum Seminar war ich von Dankbarkeit erfüllt, dass ich mir die Zeit genommen hatte, die letzten Momente im Leben dieser Blumen gewürdigt und genossen zu haben.

Als ich am Nachmittag nach Hause kam, hatte sich offensichtlich ein Wunder ereignet. Die Rosen hatten irgendwie ihre schweren Köpfe wieder erhoben und standen stolz und aufrecht in der ihnen eigenen, sinnlichen Schönheit. Und die Lilien waren aus ihrer Schlaffheit erwacht, und wenn die braunen Ränder auch nicht verschwunden waren, standen sie dennoch stark da, strahlend und in voller Blüte! Es war eigentlich total unmöglich, doch genauso war es.

Ich stand da, völlig verblüfft und voller Ehrfurcht. Ich habe seit jeher Blumen geliebt; auf meinem Esstisch steht immer mindestens ein frischer Strauß, doch in all diesen Jahren hatte ich nie eine Rose gesehen, die ihren Kopf wieder gehoben hatte, oder eine welke Lilie, die wieder ins Leben zurückgekommen war.

Die Blumen blühten strahlend noch fünf weitere Tage. Ich lud Freunde und Nachbarn ein und alle waren von ihrer erstaunlichen Schönheit tief berührt.

Wenn ein paar Augenblicke uneingeschränkten Lobes und Bewunderung eine Blume ins Leben zurückbringen können, was kann das dann in unseren Kindern bewirken? Kinder sind genau wie diese Blumen – sie erwachen zum Leben, sind randvoll mit hinreißender Anmut, wenn wir uns die Zeit nehmen, innezuhalten, sie zu würdigen und zu bewundern. Wenn wir sie in unsere Liebe einhüllen, dann entfalten sich ihre Seelen zu voller Blüte.

Vor kurzem erzählte ich diese Geschichte einer Freundin, die zwei wunderbare Söhne hat. Sie sagte: »Brandon, ich spüre, dass Eltern die Macht des Lobes im Wesentlichen verstehen. Wir sehen sie deutlich. Was ich als besonders nützlich festgestellt habe, ist nicht nur das einfache Loben meiner Kinder. Alle Kinder können den Unterschied zwischen einem leicht dahingesagten »Gut gemacht« oder »Gute Arbeit« und spezifischem, wohl überlegtem und von Herzen kommendem Lob fühlen. Ich nehme mir immer wieder einen Moment Zeit, um voll da zu sein für mein Kind und mir zum Beispiel seine Zeichnung genau anzusehen. Dann finde ich etwas besonders Lobenswertes und mache es darauf aufmerksam. Wenn einer meiner Söhne Cricket spielt, weise ich auf eine Bewegung hin, die besonders geschickt war, oder ich sage etwas darüber, wie außergewöhnlich phantasievoll seine Darstellung eines Charakters in einer selbstverfassten Geschichte ist. Ich merke jedes Mal, wie sie von innen heraus leuchten, wenn ich ihnen ein ehrliches, von Herzen kommendes Lob zukommen lasse. Es dauert nur einen Moment, doch ich sehe dabei, wie ihr Selbstvertrauen direkt vor meinen Augen wächst.«

Wir können wirklich die Gärtner im Leben unserer Kinder werden. Unsere Liebe ist das Wasser, das sie trinken, die Luft, die sie atmen, und mit dem Journey-Prozess reißen wir alles erstickende Unkraut mit den Wurzeln aus. Wir pflegen den Erdboden, geben den zarten Wurzeln viel Licht, damit sie wachsen können, und im strahlenden Licht unserer Präsenz gedeihen unsere Kinder und erblühen mit einer solchen Kraft, dass ihr Leuchten uns den Atem nimmt.

Unsere Liebe haucht diesen herrlichen Seelen Leben ein.

Es ist wirklich so: Von all unseren Geschenken ist die Liebe das größte Geschenk.

Zweiter Teil

Ein »Heilungsabenteuer« für jüngere Kinder

Die Arbeit mit kleinen Kindern mit Hilfe einer magisch/therapeutischen Gutenachtgeschichte

11

Einführung für jüngere Kinder

Ich habe das folgende Heilungsabenteuer speziell für Fünf- bis Siebenjährige geschrieben. Bei den Junior-Journey-Seminaren stellten wir fest, dass die Kinder dieser Altersstufe bei der ungekürzten Kid's Journey oft zu rastlos und unruhig werden, um den ganzen Prozess durchlaufen zu können. Also mussten wir uns etwas einfallen lassen und eine vergnügliche und gleichzeitig effektive Möglichkeit finden, damit der Prozess sie sowohl interessiert als auch begeistert.

Ein »Heilungsabenteuer« für Kinder wurde ins Leben gerufen. Dieses magische Abenteuer bzw. diese Gutenachtgeschichte mit Bildern kann ähnlich wie ein Märchen vor dem Einschlafen vorgelesen werden. Es wurde jedoch in »therapeutischen Metaphern« geschrieben, die Ihr Kind auf einer unbewussten Ebene ansprechen und Heilung auslösen. Dr. Milton Erickson, einer der berühmtesten ärztlichen Psychologen des zwanzigsten Jahrhunderts, war bekannt dafür, dass er seinen Patienten magische Geschichten erzählte, die sich positiv auf deren emotionale und physische Heilung auswirkten. Seine wirkungsvollen transformativen Sprachtechniken wurden seither weltweit als »therapeutische Metaphern« bekannt. Während seine Patienten hingerissen seinen wunderschönen Geschichten lauschten, reichten seine Worte tief in ihr Unbewusstes, zu dem »heilenden Gehirn«, um den Prozess natürlicher Heilung in

Gang zu setzen und zu fördern. Seine Resultate waren äußerst bemerkenswert.

Ein »Heilungsabenteuer« für Kinder ist also eine vergnügliche, heilende und zwanglose Möglichkeit für Sie, mit Ihrem Kind zu arbeiten. Anstatt direkt einen kompletten Lagerfeuer-Prozess durchzukauen, vermittelt es dem heilenden Gehirn die Erfahrung, dass Heilung bereits stattfindet. Jeder Satz in dem Heilungsabenteuer zielt darauf ab, Ihr Kind in einen positiven, gesunden Zustand zu bringen, so dass es sich selbst wenn es mitten in der Geschichte einschläft, noch immer von Licht umgeben und von Liebe erfüllt fühlt. Der Prozess ist sanft und spielerisch. Und falls Ihr Kind aktiv mitmachen und den Prozess laut nachahmen möchte, erlaubt die Wortwahl auch diese Art der vollen Teilnahme. Oder das Kind kann sich einfach entspannen und das Ganze auf einer anderen als der bewussten Ebene geschehen lassen, so als handelte es sich um eine Phantasiegeschichte. Beide Varianten des Heilungsabenteuers, passiv oder aktiv, werden positive Resultate zeitigen.

Wie Sie sicher bereits wissen, wird Ihr Kind desto begeisterter sein, je mehr Sie die Details einer Geschichte mit Leben erfüllen. Ich muss Ihnen wahrscheinlich nicht sagen, wie Sie mit Ihrem Kind lebendig und spielerisch umgehen können – Sie haben zweifellos inzwischen gelernt, dass Sie, um mit einem Kind spielen zu können, selber zum Kind werden müssen.

Ich empfehle Ihnen dringend, den ersten Teil dieses Buches vollständig zu lesen, bevor Sie mit dieser Geschichte beginnen. Auf diese Weise werden Sie die verschiedenen Schritte des Prozesses voll verstehen, und mit etwas Übung und Zeit können Sie in Ihrer Anwendung der Prozess-Arbeit recht kreativ werden.

Obgleich ich diese Abenteuergeschichte für Fünf- bis Siebenjährige entwickelt habe, schlage ich auch für Acht- bis Zwölfjährige vor, dass sie diese Geschichte entweder selbst lesen oder sie vorgelesen und erklärt bekommen. Auf diese Weise werden sie den Prozess *bereits vorher* komplett verstehen, und wenn sie dann die für ihre Altersgruppe entwickelte Kid's Journey machen, können sie sich einfach entspannen und die aktive Teilnahme an dem Prozess genießen.

Wenn Ihre fünf- bis siebenjährigen Kleinen sich an das Heilungsabenteuer gewöhnt haben, und wenn Sie das Gefühl haben, dass sie dazu bereit sind, können Sie zu einer verdichteten Version der Kid's Journey für ältere Kinder übergehen (siehe Teil 3). Dies ist etwas, was wahrscheinlich ganz natürlich eintreten wird und oft spontan passiert, wenn den Kindern die Arbeit immer leichter fällt. Wenn die Kinder zur kompletten Kid's Journey übergehen, halte ich es für ratsam, dass sie ihre ersten paar Prozesse mit jemand anderem als ihren Eltern machen – vielleicht mit einem Freund, einer Tante, einem Onkel oder einem Therapeuten. Zu Beginn arbeiten die Kinder oft mit uns Eltern am Lagerfeuer und dazu brauchen sie dieselbe Anonymität in ihrer Prozess-Arbeit, die wir bei unserem eigenen Prozess schätzen.

Kinder *lieben* die Journey und geben sich ihr mit großer Begeisterung und Freude hin. Höchstwahrscheinlich fangen sie dann irgendwann auch an, ihren Freunden mit Journey-Prozessen zu helfen oder sie begeben sich ganz spontan alleine in einen Prozess, bevor sie am Abend ins Bett gehen.

Bevor Sie anfangen, hier ein paar Tipps:

Wenn es um die Ressourcen-Ballons geht, achten Sie darauf, wirklich kreativ und erfinderisch zu werden und Ihren Kindern jede Menge Ballons anzubieten. Vergessen Sie nicht, mehr ist hier *wirklich* mehr.

Amüsieren Sie sich, spielen Sie, und vertrauen Sie sich selbst. Vielleicht werden Sie überrascht sein, dass sich im Laufe des Prozesses mit Ihren Kindern Ihre eigenen Themen zu klären beginnen, und vielleicht fängt Ihr Körper sogar an, sich zu heilen. Doch das Wichtigste ist: Wenn Ihnen die Arbeit Spaß macht, dann macht sie auch Ihren Kindern Spaß.

12

Ein »Heilungsabenteuer« für Kinder

Es war einmal ein kleiner Junge namens Jakob, und eines Abends, als er gerade am Einschlafen war, begann er einen ganz besonderen Traum zu träumen. Genau genommen war er sich nicht einmal sicher, ob er denn nun wach war oder schlief, aber irgendwie fühlte er sich, als läge er in einer Wolke des Friedens, umgeben von lauter Liebe.

Da sah er plötzlich vor sich eine merkwürdige Treppe, die nach unten ging und zehn magische, glitzernde Stufen hatte, und Jakob fragte sich, was wohl passieren würde, wenn er seinen Fuß darauf setzte. Da er sich von Liebe umgeben fühlte, wusste er irgendwie, dass er ein wunderbares Abenteuer erleben könnte, wenn er diese Stufen hinunterging. Also setzte er vorsichtig, aufgeregt und von fröhlicher Neugier erfüllt, einen Fuß auf die oberste, zehnte Stufe.

Welche Farbe hatte diese Stufe wohl? Kannst du dir vorstellen, wie es sich anfühlt, auf diese Stufe zu treten? Was wäre, wenn du dich jetzt zu Jakob gesellst und diese Reise mit ihm gemeinsam machst? … Du trittst auf die zehnte Stufe … dann die Stufe darunter, auf die neunte Stufe … dann auf die achte.

Als Jakob langsam die Stufen hinunterging, merkte er, dass er mit jeder Stufe, die er nahm, immer mehr Kraft hatte! Erstaunt stellte er fest, wie leicht er sich fühlte, als er auf die siebte Stufe trat. Er entspannte sich und hatte fast das Gefühl, als würde er schweben. Er setzte seinen Fuß auf die sechste Stufe, und seine Kraft wurde immer größer, und als er die fünfte Stufe betrat, fühlte er sich noch leichter als vorher. Dann erriet er, wohin die Stufen ihn führten: »Ich gehe ja direkt in das Herz des Lichts, wo alles glücklich, frei und voller Liebe ist«, stellte er begeistert fest.

Voller Eifer setzte Jakob seinen Fuß auf die vierte und dann auf die dritte Stufe, während das Licht immer heller und heller wurde und die Liebe stärker und stärker. Es fühlte sich beinahe so an, als würde er mit dieser Liebe verschmelzen – er war sich gar nicht mehr ganz sicher, wo die Liebe eigentlich war.

»Ist sie in mir drinnen? Ist sie außen?«, fragte er sich … und langsam kam ihm die Erkenntnis, dass die Liebe überall war – innen, außen, überall!

Dann betrat er die zweite Stufe. Er hatte das Gefühl, als würde er noch tiefer mit dem Licht verschmelzen, und er spürte, dass das Licht vor Glück strahlte. Als er seinen Fuß auf die unterste Stufe setzte, waren das Licht und die Liebe so groß geworden, dass Jakob nicht erkennen konnte, ob sie überhaupt noch irgendwo aufhörten.

Jakob fühlte, dass er von einem Meer von Licht und Glück umgeben war und dass überall in diesem Meer die Liebe funkelte. Er hatte den Eindruck, dass die Liebe und das Licht so groß waren, dass es kein Ende nahm.

Ich frage mich, wie es sich wohl anfühlt, wenn man von so viel Liebe umgeben ist und das Gefühl hat, als würde sie sich immer weiter ausdehnen und nie aufhören. Kannst du dir das vorstellen?

Während Jakob in diesem Ozean funkelnden Liebes-Lichts badete, erschien plötzlich eine magische Tür vor seinen Augen. Er spürte, dass es mit dieser Tür eine ganz besondere Bewandtnis hatte. Er hatte keine Ahnung, woher, aber er wusste einfach, dass sich hinter dieser Tür ein wunderbares Wesen befand, das auf ihn wartete und ihn mit ausgestreckten Armen mitten in dem strahlenden Herzen des Lichtes willkommen heißen würde. Als er so vor der Tür stand, war er sich nicht wirklich sicher, wer sich dahinter verbarg, doch er hatte das Gefühl, dass es jemand ganz Besonderes war – vielleicht sogar ein Engel oder ein Heiliger, ein Held oder ein freundlicher Zauberer. Er wusste einfach, dass es jemand war, bei dem er sich sehr wohl und geborgen fühlen konnte. Es war jemand, der ihn beschützen und sicher führen würde – jemand, der ihm gute Ratschläge geben und dem er vertrauen konnte.

Als Jakob den Türgriff herunterdrückte und durch die Tür trat, war das Licht so strahlend hell, dass er die Augen zusammenkneifen musste. Sobald sich seine Augen an die Helligkeit gewöhnt hatten, sah er zu seiner großen Überraschung direkt vor sich einen großen, lächelnden, glitzernden Engel stehen.

Wenn du durch diese Tür treten würdest, was meinst du wohl, wer dahinter auf dich wartet? Vielleicht ist es ein Engel, oder vielleicht ist es jemand, den du schon immer treffen wolltest. Es ist bestimmt so, als würdest du einen alten, lieben Freund wiedersehen.

Auch Jakob fühlte sich auf Anhieb vertraut mit diesem Engel, und er rannte zu ihm und umarmte ihn ganz fest. Die flaumigen Engelsflügel umschlangen sie beide, und Jakob spürte eine große Liebe und Frieden, als der Engel seine ersten Worte an ihn richtete:

»Hallo Jakob«, sagte er. »Mein Name ist Dorian, und ich bin hier, um auf dieser wunderbaren inneren Reise dein persönlicher Führer zu sein. Du kannst dich in meiner Gegenwart hundertprozentig sicher fühlen«, fügte er hinzu, »und wenn du irgendwelche Fragen hast, werde ich sie dir sehr gerne beantworten.«

Als er sich langsam aus der Umarmung des Engels löste, sah Jakob aus seinen Augenwinkeln etwas silbern Strahlendes. Er drehte sich um – und zu seiner Freude erkannte er ein glitzerndes Raumschiff, das einfach so neben ihm und Dorian stand und dessen Türen einladend weit geöffnet waren.

»Wow, das ist ja toll!«, jauchzte Jakob, als er den Engel am Ärmel zog und ihn bat, mit ihm in das magische Raumschiff zu steigen.

Wie mag das Raumschiff wohl von außen ausgesehen haben – kannst du es dir vorstellen? Und wie mag es im Inneren sein? Wenn du in dein eigenes Raumschiff reingehen würdest, wie sähe es da drinnen aus?

Dorian faltete sanft seine weißen Engelsflügel, so dass sie in das Raumschiff passten, und setzte sich auf den bequemen Sitz direkt neben Jakob. Als sie ihre Sitzgurte festschnallten, erklärte Dorian ihm, dass dies ein Zauberraumschiff sei: »Es kann überall in deinem Körper umherfahren. Und nicht nur das, sondern es weiß auch schon ganz genau, wo es hinfahren will.«

»Aber woher kommt das Benzin? Wie wird es angetrieben?«, fragte Jakob.

»Nun, das ist der wirklich magische Teil«, erwiderte Dorian. »Es wird von der Weisheit deines eigenen Körpers angetrieben, von dem Teil in dir, der dafür sorgt, dass dein Herz schlägt und deine Haare wachsen. Es wird von dem Teil in dir angetrieben, der wach ist, wenn du nachts schläfst, dem Teil in dir, der macht, dass deine Nägel wachsen und dein Atem herein- und herausgeht – von deiner eigenen Körperweisheit. Dieses Raumschiff kann dich in deinem Körper überall hinbringen – in dein Herz, deine Augen, deinen Bauch, deinen Hals, dein Gehirn und dein Blut – sogar in deine Knochen oder Muskeln. Da es von der Weisheit deines eigenen Körpers angetrieben wird, weiß es irgendwie genau die Stelle, wo wir gebraucht werden. Du brauchst nur den grünen Knopf zum Starten zu drücken, und dann wirst du genau an die richtige Stelle in deinem Körper gebracht.«

Jakob fragte sich, wohin die Reise wohl gehen würde, doch er hatte nicht die geringste Ahnung.

Als er sich die vor ihm liegende Instrumententafel anschaute, sah er den grünen Startknopf.

»Wenn du so weit bist, kannst du den grünen Knopf drücken, und du wirst sicher und bequem durch deinen Körper transportiert«, ermutigte Dorian ihn. »Vielleicht nicht an die Stelle, die du erwartest, Jakob, doch das ist Teil des Vergnügens. Drück einfach den Knopf und du wirst sehen, wie du durch deinen Körper saust.«

Jakob drückte auf den Knopf, es machte einen kleinen Ruck, und schon ging es los. Bevor er auch nur einmal schlucken konnte, merkte Jakob, dass das Raumschiff sanft wieder langsamer wurde, und Dorian sagte: »Okay, jetzt müssen wir zu einer weichen Landung ansetzen … Keine Bruchlandung bitte!« Sanft rollte das Raumschiff aus, und Jakob zog die Handbremse.

Wie wäre es wohl, wenn du selbst mit einem magischen Raumschiff in deinem Körper herumfahren würdest. Wie würde es sich anfühlen, weich zu landen, und wie würde es sich anfühlen, jetzt die Handbremse zu ziehen?

Jakob und Dorian nahmen die Sitzgurte ab, und als Jakob nach unten schaute, bemerkte er, dass gleich neben seinen Füßen zwei Taschenlampen lagen. Also nahm er eine für sich selbst, für den Fall, dass es da draußen irgendwelche dunklen Ecken gab, und reichte Dorian die andere – obwohl der Engel so hell strahlte, dass er nicht wirklich eine Taschenlampe brauchte!

Gemeinsam traten sie aus dem Raumschiff heraus, und irgendwie fühlte es sich unter ihren Füßen ein wenig matschig an. Jakob schaltete seine Taschenlampe ein und konnte genau sehen, wo sie gelandet waren – in seinem Hals.

Wo würdest du in deinem Körper hinfahren? Wie würde es sich unter deinen Füßen anfühlen, und was würdest du sehen, wenn du deine Taschenlampe anknipst?

Als Jakob und Dorian herumgingen, merkten sie, dass die Wände ein wenig matschig und klebrig aussahen. Dann kamen sie an eine Stelle, die sich irgendwie von dem Rest der Gegend unterschied – sie hatte eine andere Farbe, und sie fühlte sich auch anders an. Sie hatte sogar eine andere Temperatur und schien ein bisschen kratzig zu sein, beinahe wie Sand. Die Beiden waren neugierig, was es mit dieser Stelle auf sich hatte. Jakob nahm den Engel an die Hand, ging mit ihm zusammen zu der rauen Stelle und brachte sein Gesicht ganz nahe heran, so als wollte er sehen, was da war. Plötzlich schien ein Gefühl von Traurigkeit, Einsamkeit und auch ein wenig Angst aus diesem kratzigen Flecken zu fließen.

Dorian fragte Jakob: »Wann hast du dieses Gefühl schon einmal gehabt? Wann hast du diese Traurigkeit und Einsamkeit und Angst schon einmal gespürt?«

Jakob schloss die Augen, damit er seine Gedanken wandern lassen konnte. »Wann habe ich das schon einmal gefühlt?«, wiederholte er innerlich. Plötzlich, wie in einem Zauber, erschien ein Bild vor ihm. Es war das Bild einer alten Erinnerung aus der Zeit, als er fünf Jahre alt war. Vor seinem inneren Auge schaute er hinunter auf seine Füße und merkte, dass er die alten, roten Sandalen anhatte, die er immer in den Sommerferien trug. Er hatte diese Sandalen völlig vergessen, doch jetzt sah er sie wieder! Er sah auf seine Beine und merkte, dass er außerdem blaue Shorts trug und sein rotes Lieblings-T-Shirt, aus dem er längst herausgewachsen war. Und dann kam auf einmal die ganze Erinnerung an die damalige Situation zurück.

Im Alter von fünf Jahren war Jakob mit seinen Eltern in den Ferien nach Spanien gefahren. Als er und seine Mutter auf einem Markt einkaufen gegangen waren, hatte er irgendwie ihre Hand losgelassen, sie waren getrennt worden und hatten einander aus den Augen verloren. Insgeheim war Jakob sehr erschrocken und hatte sich furchtbar allein gefühlt. Er hatte Angst, dass seine Mutter ihn vielleicht nie finden würde. Es wusste nicht, was er tun und wohin er sich wenden sollte.

Schließlich kam ein sehr freundlicher Polizist und sprach mit ihm, bis ihn seine Mama schließlich fand. Jakob war so glücklich, seine Mama zu sehen, dass er ihr nicht einmal sagte, wie verlassen er sich gefühlt hatte. Er fürchtete, sie würde denken, dass er ein Angsthase sei oder ein Baby oder ein Feigling. Also tat er ihr gegenüber so, als wäre die ganze Sache nichts Besonderes gewesen, doch innerlich hatte er so einen Kloß im Hals, dass er kaum sprechen konnte.

Nachdem Jakob Dorian die ganze Erinnerung beschrieben hatte, meinte dieser, Jakob solle sich davon einen Film mitnehmen, damit er sich das Ganze zu einem späteren Zeitpunkt nochmal anschauen könne. Dann lud er ihn ein, sich mit ihm an ein schönes, knisterndes Lagerfeuer zu setzen. Jakob fühlte sich an diesem Lagerfeuer innerlich ganz warm und kuschelig, und er merkte, dass er immer noch von der allumfassenden Liebe umgeben war.

Wenn du an so einem warmen Lagerfeuer sitzen würdest, was meinst du, welche Erinnerung bei dir auftauchen würde? Wie alt wärst du in deiner Erinnerung wohl, und wer war sonst noch dabei.

Nachdem Jakob wusste, dass seine Erinnerung auf einem Film gespeichert war, fragte er sich im Stillen, was wohl damit passieren würde. Gerade als er Dorian fragen wollte, was er als Nächstes tun sollte, sagte dieser mit sanfter Stimme: »Jakob, es ist Zeit für dich, den Film mit jener alten Erinnerung zu nehmen und in den Videorecorder zu tun, dann werden wir es uns auf einem großen Bildschirm am Himmel anschauen.«

Jakob wusste genau, was er tun musste. Er legte das Video in den Recorder, der neben ihm aufgetaucht war, drückte auf den richtigen Knopf, und nach ein paar Sekunden erschienen die Bilder aus seiner Erinnerung in bunten, lebendigen Farben auf einem riesigen Bildschirm am Himmel. Alles spielte sich genau vor seinen Augen ab, mit dem Unterschied, dass es Jakob nichts ausmachte, das alles noch mal zu sehen, denn er fühlte sich sicher und beschützt, wie er so mit Dorian an dem heimeligen Lagerfeuer saß. Außerdem wusste er, dass es nur die Vergangenheit war, lediglich eine alte Erinnerung. Als der Film zu Ende war, machte Dorian einen überraschenden Vorschlag: »Warum lädst du den jüngeren, fünfjährigen Jakob nicht ein, von dem Bildschirm herunterzusteigen und sich hier zu uns ans Lagerfeuer zu setzen?« Jakob blieb der Mund offen stehen und er machte große Augen.

Doch bevor er seinen Mund wieder zumachen konnte, passierte genau das! Der fünfjährige Jakob trat von der Leinwand herunter, ging direkt auf das Lagerfeuer zu und ließ sich einfach zwischen dem älteren Jakob und Dorian auf der Erde nieder. Jetzt saßen also alle drei am Lagerfeuer: der ältere Jakob, der jüngere Jakob und Dorian, der Engel.

Wenn du selbst eine alte Erinnerung hättest, wie alt wäre dann dein jüngeres Selbst, das da mit dir am Lagerfeuer sitzt?

Dorian sah höchst erfreut aus, und aus heiterem Himmel zauberte er einen riesigen Strauß strahlend bunter Luftballons hervor!

Mit einem Zwinkern in den Augen sagte er zu dem jüngeren Jakob: »Dies sind magische Ballons! In jedem von ihnen ist ein wunderbares Geschenk gespeichert – nämlich ein gutes Gefühl, das dafür sorgt, dass du dich in dieser alten Erinnerung besser fühlst. Welchen Ballon möchtest du zuerst haben?«

Der jüngere Jakob zeigte auf einen großen roten Ballon. »Oh ja«, sagte Dorian, »das ist ein sehr wichtiger Ballon. In seinem Inneren ist Mut gespeichert – aller Mut, den du jemals brauchen könntest. Nimm nun diesen Ballon, und während du ihn hältst, atme diesen Mut in dich hinein, bis dein ganzer Körper von Mut erfüllt ist.«

Als der jüngere Jakob den Ballon nahm, spürte er sofort, wie sich sein ganzer Körper mit Mut füllte, was ihm ein zuversichtliches und glückliches Gefühl gab.

»Jetzt nimm diesen Ballon«, sagte Dorian und reichte ihm einen rosafarbenen Ballon. »In seinem Inneren ist all die Liebe gespeichert, die deine Mama für dich empfindet. Atme diese Liebe jetzt ein und lass sie durch jeden Teil deines Körpers fließen.«

Als der jüngere Jakob die Liebe seiner Mutter einatmete, fühlte er sich innen überall warm und hell, und er erkannte, dass er keine Angst zu haben brauchte: Egal, wie sehr er sich jemals verlaufen würde – seine Mama liebte ihn so sehr, dass sie ihn immer irgendwie finden und zu ihm zurückkommen würde.

»Und jetzt nimm diesen gelben Ballon«, sagte Dorian. »Er ist angefüllt mit Vertrauen. Du kannst darauf vertrauen, dass deine Mutter dich finden wird, wenn du geduldig wartest. Vertrauen in das Leben. Vertrauen darauf, dass dir geholfen wird. Nun atme dieses Vertrauen ein.«

Sofort fühlte der jüngere Jakob, wie Vertrauen ihn durchflutete, und er spürte, dass er in Sicherheit war, dass ihm nichts geschehen konnte, und sein Körper fühlte sich viel leichter an.

Dann bekam er einen grünen Ballon. »Dies ist die Fähigkeit, Menschen um Hilfe zu bitten, die dir helfen können. Atme auch diese Eigenschaft tief in dich hinein.«

Als er dies tat, merkte der jüngere Jakob, dass es nichts gab, dessen er sich schämen musste, und dass es okay ist, um Hilfe zu bitten, wenn man sie braucht.

Dann kam ein leuchtend bunter und lustig aussehender Ballon. »Dies ist ein Ballon, der voller Spaß und Unbeschwertheit ist. Er hilft dir zu erkennen, dass dir zwar manchmal verwirrende Dinge passieren, doch dass letzten Endes alles gut wird; und manchmal kannst du das Geschehen sogar genießen und Spaß dabei haben. Wenn du willst, kannst du jetzt auch diese Lustigkeit einatmen, zusammen mit der Fähigkeit, die Dinge leicht zu nehmen.«

»Und dann nimm diesen goldenen Ballon – dies ist die Fähigkeit, deiner Mama zu sagen, was du wirklich fühlst, damit du deine Gefühle nicht mehr verstecken musst. Atme auch diese Eigenschaft ganz tief ein.«

Zu guter Letzt gab Dorian dem jüngeren Jakob einen riesigen leuchtend blauen Ballon und sagte: »Dieser Ballon der Weisheit wird dir helfen zu wissen, dass das Ganze passiert ist, damit du weiser und stärker wirst.« Und der jüngere Jakob atmete die Weisheit ein.

Dorian lächelte und sagte: »Mit diesen Ballons weißt du jetzt, dass du Mut haben kannst, dass du auf die Liebe deiner Mutter vertrauen kannst und darauf, dass sie dich finden wird; dass es okay ist, um Hilfe zu bitten, und dass du dich sicher fühlen kannst, Hilfe anzunehmen. Du weißt auch, dass du deiner Mama erzählen kannst, wie du dich wirklich gefühlt hast; und du weißt jetzt, dass diese Dinge manchmal im Leben passieren, damit wir lernen können, wie wir angesichts eines Abenteuers stark bleiben können. Manchmal kannst du in Zukunft vielleicht sogar das Lustige an einer schwierigen Situation erkennen.« Der jüngere Jakob atmete alle diese guten Eigenschaften weiter ein, und der Engel sagte zu ihm: »Gleich wirst du wieder auf den Bildschirm zurückgehen und die ganze Szene wird sich so abspielen, wie sie abgelaufen wäre, wenn du schon damals deine ganzen Ballons gehabt hättest.« Im nächsten Augenblick erschien der fünfjährige Jakob wieder auf dem Bildschirm, doch alles verlief diesmal völlig anders. Da war der jüngere Jakob mit dem großen Strauß bunter Ballons, und er sah zuversichtlich und mutig aus. Als er merkte, dass er seine Mutter verloren hatte, wurde ihm einen Moment lang ein wenig mulmig zumute, doch dann erstrahlte der Mut-Ballon und Jakob atmete das Gefühl des Mutes ein. Gleich danach leuchtete der Ballon mit der Liebe auf und er erkannte, dass seine Mama ihn liebte und ihn schließlich wiederfinden würde. Als nächstes leuchtete der Vertrauens-Ballon auf, und Jakob wusste, dass er sich entspannen und darauf vertrauen konnte, dass sie ihn suchen und finden würde. Als nächstes erstrahlte der Ballon für Hilfe, und Jakob schaute sich um, ob es irgendjemanden gab, der ihm helfen konnte. Ein freundlicher Polizist erschien. Jakob mochte den Polizisten auf Anhieb, und es machte Spaß, mit ihm zu reden – das konnte man genau sehen, weil er nämlich zuerst lächelte und dann lachte, als sein Ballon mit Spaß und Unbeschwertheit aufleuchtete. Er scherzte mit dem Polizisten, und die Zeit verging wie im Flug. Als seine Mutter ihn schließlich fand, erzählte er ihr, dass er einen Moment lang Angst gehabt hatte, sich dann aber daran erinnerte, wie sehr sie ihn liebte und dass er darauf vertraut hatte, dass sie zurückkommen würde. Er berichtete ihr, wie er versucht hatte, Hilfe zu finden und wie dieser freundliche Polizist ihn unterhalten hatte, bis sie zurückgekommen war. Seine Mutter seufzte vor Erleichterung, dankte dem Polizisten und nahm Jakob in die Arme. Sie sagte ihm, wie mutig er war und wie großartig sie es fand, dass er auf sie gewartet und sich Hilfe geholt hatte. Und dann fügte sie noch hinzu: »Weißt du, du warst nicht der Einzige, der Angst hatte – auch ich habe Angst gehabt. Eben warst du noch neben mir und plötzlich warst du weg! Ich hoffte inständig, dass du mutig sein und warten würdest, bis ich dich finden konnte, und dass du jemanden finden würdest, der dir hilft. Ich habe dich so lieb! Ich konnte es kaum abwarten, dich wiederzufinden.« Der ältere Jakob saß am knisternden Lagerfeuer und beobachtete dieses ganze Geschehen auf dem Bildschirm. Dabei erkannte er, dass die Szene genauso abgelaufen wäre, wenn er damals die Ballons gehabt hätte. Und ihm wurde klar, dass er – sollte er sich noch einmal verlaufen oder im Gedränge seine Mutter verlieren – jene Ballons zu Hilfe holen und sich dabei wohlfühlen konnte. Im Stillen wünschte er sich nicht nur, dass er von Anfang an diese Ballons gehabt hätte, sondern dass seine Mama auch welche hätte – weil er erkannte, dass sie genauso erschrocken war wie er!

Warum machst du also nicht genau dasselbe? Warum lädst du nicht dein jüngeres Du ein, von dem Bildschirm herunterzusteigen und zu dir ans warme Lagerfeuer zu kommen? Dein Führer oder Engel hat schon jede Menge Ballons für dich in der Hand.

Was glaubst du, welche Ballons du bekommen würdest? Wenn du alle nehmen könntest, die du haben willst, welche wären das dann wohl? Es gibt so viele Ballons, für die du dich entscheiden kannst. Zum Beispiel Mut, Stärke, Weisheit, Freundlichkeit, Wahrheit, Ehrlichkeit, Selbstwertgefühl, Selbstvertrauen, die Fähigkeit, um Hilfe zu bitten, eine Kristallkuppel, die dir erlaubt, jegliche Kritik einfach von dir abperlen zu lassen, Fröhlichkeit, die Fähigkeit, zu spielen und Spaß zu haben, die Fähigkeit, zu fühlen und deine Gefühle auszusprechen und die Fähigkeit »Nein« zu sagen. Es gibt auch einen Ballon, der dir hilft zu sagen, wenn dir etwas Leid tut sowie Ballons des Mitgefühls, der Vergebung und des Muts, den Mund aufzumachen, wenn du dich schüchtern fühlst – es gibt sogar einen Ballon der Erkenntnis, dass du voller Liebe bist und dass du mit dieser Liebe anderen helfen kannst, die vielleicht Angst haben oder schüchtern sind. Dann gibt es einen Ballon, der dir ermöglicht, auf andere Menschen zuzugehen, und einen Ballon des Wissens, dass du dazugehörst. Dann gibt es noch einen, der dich erkennen lässt, dass sich andere nur über dich lustig machen, weil sie vor irgendetwas Angst haben oder sich einsam oder verletzt fühlen oder weil sie schlechte Laune haben – dass es also nichts mit dir zu tun hat. Es gibt buchstäblich Hunderte von leuchtend bunten, herrlichen Ballons, aus denen du wählen kannst. Ich frage mich, für welche du dich wohl in diesem Augenblick entscheiden würdest.

Freundlichkeit, Spaß, Selbstwertgefühl, innere Stärke, die Fähigkeit, um Hilfe zu bitten, Selbstliebe, Spielen, Kristallkuppel, Sinn für Humor, Selbstvertrauen, Mut, Liebe, Mitgefühl.

Kannst du dir vorstellen, wie sich das anfühlen würde, wenn du diese Eigenschaften deiner Ballons einatmen und deinen ganzen Körper damit anfüllen würdest? Und was wäre, wenn du selbst deine alte Erinnerung auf einem Bildschirm am Himmel ablaufen ließest, nachdem du all deine Ballon-Eigenschaften eingeatmet und in deinem Inneren hast? Ich würde gerne wissen, wie du dich damit fühlen würdest, jetzt, wo du weißt, dass du voller Liebe, innerer Kraft, Mut, Selbstvertrauen, Hilfsbereitschaft, Weisheit, Intelligenz, Freundlichkeit und Spaß bist – und voll der anderen Kräfte, die du bereits gewählt hast.

Wenn du magst, kannst du beschreiben, wie die Szene jetzt in dir aussieht … und dann könnte auch dein jüngeres Selbst vom Bildschirm herabsteigen und mit dir zusammen am warmen, behaglichen Lagerfeuer sitzen, erfüllt von Licht und Liebe. Was meinst du, wie das wohl wäre?

Jakob jedenfalls war höchst erstaunt, dass er gemeinsam mit dem fünfjährigen Jakob am Lagerfeuer saß. Er merkte, wie anders er damals ausgesehen hatte und er war insgeheim froh darüber, dass er seitdem so viel gewachsen war. Dorian erklärte dem achtjährigen Jakob, dass das Lagerfeuer ein Feuer der Liebe sei, und dann sprach er direkt zu dem kleinen, fünfjährigen Jakob: »Du hast in der Vergangenheit großes Leid empfunden, nicht wahr? Du hattest Angst, als du auf dem Markt deine Mutter verloren hast; du fühltest dich alleine und wusstest nicht, was du tun solltest. Im Stillen hast du gefürchtet, dass deine Mama vielleicht nicht zurückkommen und dich finden wird. Das hat dich erschreckt, nicht wahr?«

Der fünfjährige Jakob nickte mit dem Kopf, als er sich erinnerte, wie es wirklich gewesen war, und sein Gesicht bekam einen traurigen Ausdruck.

Dorian winkte auch Jakobs Mutter herab und lud sie ein, am Lagerfeuer Platz zu nehmen. »Warum sagst du deiner Mama nicht, was du damals wirklich gefühlt hast? Erzähl ihr, wie viel Angst du gehabt hast. Rede dir deinen ganzen Kummer von der Seele. Lass alle diese alten Gefühle endlich herauskommen.«

Der kleine Jakob hatte Tränen in den Augen, als er sagte: »Mama, ich habe dir nie etwas gesagt, weil ich dachte, dass du vielleicht glaubst, ich sei ein Baby oder ein Feigling, aber ich hatte wirklich große Angst und wusste nicht, was ich machen sollte. Immer wieder habe ich nach dir geschaut und dich gesucht, und ich bekam es immer mehr mit der Angst zu tun, als ich dich nicht finden konnte. Ich habe mich so allein gefühlt, und es war alles ganz furchtbar.«

Seine Mutter antwortete: »Auch ich habe Angst gehabt, Jakob – und weißt du was? Ich wollte auch nicht, dass du weißt, wie viel Angst ich hatte. Ich war völlig verzweifelt und wollte dich unbedingt wiederfinden. Ich liebe dich mehr als mein Leben und ich bin an alle Plätze zurückgelaufen, wo wir gewesen waren. Ich würde bis ans Ende der Welt laufen, um dich zu finden. Ich bin so stolz auf dich, dass du diesen Polizisten gefunden hast.«

Der kleine Jakob erwiderte: »Ich bin froh, dass du das gesagt hast, Mama. ich hatte beinahe schon geglaubt, du würdest nie mehr zurückkommen.«

»Natürlich würde ich immer zurückkommen, Jakob! Du bist für mich der kostbarste Mensch auf der Welt. Falls wir uns je wieder verlieren sollten, bitte denk daran, dass ich dich sehr liebe. Ich werde dich immer finden, das verspreche ich dir – bleib einfach genau da, wo wir uns zum letzten Mal gesehen haben und warte auf mich. Ich werde immer zurückkommen und dich finden.«

Der kleine Jakob erkannte, dass seine Mama ihn von ganzem Herzen liebte, und er fühlte sich sicher in dem Wissen, dass sie bis ans Ende der Welt laufen würde, um ihn zu finden – er musste einfach nur warten und darauf vertrauen, dass sie zurückkommen würde. »Danke, Mama«, sagte er.

»Ich liebe dich, Jakob.«

»Ich liebe dich, Mama«, erwiderte Jakob und sie drückten einander ganz fest. »Bitte verzeih mir, dass ich verlorengegangen bin.«

»Natürlich verzeihe ich dir, mein Liebling! Bitte verzeih du mir, dass ich deine Hand losgelassen habe. Wir sind beide verlorengegangen! Also werden wir beide einander vergeben!«

Und genau das taten sie.

Dorian schaute sich die Szene an und strahlte anerkennend, dann wandte er sich an den achtjährigen Jakob und fragte ihn: »Wenn du deiner Mutter etwas sagen wolltest, was wäre das?«

»Ich würde ihr sagen, dass ich wirklich mehr Vertrauen haben sollte. Ich musste unbedingt hören, dass sie mich so sehr liebt, dass sie für mich bis ans Ende der Welt gehen würde. Ich glaube, seit damals hatte ich immer ein wenig Angst davor, verlassen zu werden. Ich wusste nie, dass sie mich so sehr lieb hat.«

»Natürlich liebe ich dich so sehr, mein Schatz«, erwiderte seine Mutter. »Mit jeder Zelle meines Körpers liebe ich dich, und habe dich immer geliebt und werde dich immer lieben.«

»Danke Mama. Ich liebe dich.«

»Es tut mir Leid, dass ich dir das nicht öfter gesagt habe. Du bist das Kostbarte auf der Welt für mich«, flüsterte seine Mutter.

»Ich weiß.«

Der ältere Jakob und seine Mutter umarmten sich ganz fest.

Dann sagte Dorian zu dem älteren Jakob: »Erinnerst du dich an all die Ballons, die du vorhin bekommen hast – voll mit

Weisheit, Mut, Vertrauen, der Fähigkeit, um Hilfe zu bitten, der Fähigkeit, deine Gefühle auszudrücken, den Ballon mit Spaß und Unbeschwertheit, den Ballon, der voll ist mit der Liebe deiner Mutter? Erinnerst du dich daran?«

Während Jakob sich erinnerte, waren die Ballons plötzlich wie durch einen Zauber wieder in Dorians Hand. Der Engel reichte dem älteren Jakob den ganzen bunten Strauß Ballons mit den Worten: »Ich möchte, dass du diese Ballons jetzt noch einmal dem jüngeren Jakob gibst. Sieh zu, dass er auch all ihre Eigenschaften einatmet.«

Der jüngere Jakob nahm die Ballons, und als er die verschiedenen Qualitäten einatmete, wurde sein Gesicht immer heller. Er grinste von einem Ohr zum anderen und seine Augen strahlten vor Freude.

Dann sagte Dorian zu dem achtjährigen Jakob: »Ich möchte, dass du dem jüngeren Jakob die folgenden Worte wiederholst: ›Es tut mir so Leid, dass du damals solche Angst haben musstest. Du hattest einfach keine Verbindung zu all diesen wunderbaren inneren Kräften – du wusstest nicht, dass alle diese starken und guten Eigenschaften schon immer in dir sind. Ich verspreche dir, dass du diesen alten Schmerz nie mehr erleben musst, weil du von jetzt an all diese Dinge in dir hast, wann immer du möchtest. Von heute an werde ich auf dich aufpassen.‹«

Während der ältere Jakob die Worte seines Engels wiederholte, strahlte er vor Begeisterung, und dann ging er einfach zu dem jüngeren Jakob hin und umarmte ihn, wobei er ihm ins Ohr flüsterte: »Ich werde dich immer beschützen. Ich habe dich sehr lieb.«

Als er das tat, geschah etwas Unerwartetes: Er und sein jüngeres Selbst begannen, miteinander zu verschmelzen. Dabei fühlte der ältere Jakob, wie all die Qualitäten von Liebe, Freude, Vertrauen, innerer Kraft, Mut, Weisheit und Spaß sich in seinem ganzen Körper ausbreiteten. Er erkannte, dass all das, was er an diesem Tag gelernt hatte, zu einem Teil von ihm wurde; dass jede Eigenschaft, die er sich je gewünscht hatte, bereits Teil von ihm war; dass alle seine Worte bereits wahr waren; und dass er Zugang zu den Ballon-Qualitäten hatte, wann immer er wollte.

Dorian war ganz glücklich darüber und sagte: »Jetzt ist es an der Zeit, dass deine Mama mit der Liebe dieses Lagerfeuers verschmilzt.«

Und während dies geschah, wurde die ganze Szene so strahlend hell wie die Sonne.

Jetzt saßen nur noch Dorian und der ältere Jakob an dem Lagerfeuer, das langsam verlosch. Mit einer Handbewegung ließ Dorian das Feuer verschwinden, und in der nächsten Sekunde waren beide wieder da, wo sie ursprünglich mit dem Raumschiff gelandet waren – in Jakobs Hals. Doch jetzt sah es dort völlig anders aus. Alles hatte eine schöne rosa Farbe, strahlte und sah gesund aus – wie neu. Als Jakob und Dorian umhergingen und mit ihren Taschenlampen alles ableuchteten, kamen sie an die Stelle, wo der raue, sandige Fleck gewesen war, doch jetzt glänzte dieser Bereich ganz hell – alles war geheilt und sah genau so aus wie die anderen gesunden Bereiche in seinem Hals!

»Wow! Das war ja wie Zauberei!«, rief Jakob aus.

»Genauso ist es«, erwiderte Dorian. »Jene alte Erinnerung war genau hier gespeichert, in deinem Hals. Als du dir diese alten Gefühle anschautest und gesagt hast, wie es dir damals ging, und als du dann deiner Mama und dir selbst verziehen hast, war dies ein Signal für den Körper, wieder gesund zu werden.«

»Cool! Kann das denn echt so schnell gehen?«

»Natürlich kann es das – und es passiert ständig. Ist dir jemals aufgefallen, wenn du dir in den Finger schneidest, dass die Wunde am nächsten Tag schon wieder zugewachsen ist? Das liegt daran, dass die ganzen Zellen in diesem Bereich sehr schnell in Aktion treten, um den Schnitt zu heilen. Im *Inneren* deines Körpers passiert genau dasselbe – nur *schneller*.«

»Wow! Das ist ja so schön geworden, einfach unglaublich!«

»Da hast du Recht«, antwortete Dorian und lächelte zufrieden. »Ich frage mich, was dein Hals wohl zu dir sagen würde, wenn er jetzt sprechen könnte.« Jakob neigte seinen Kopf zur Seite, lauschte aufmerksam und hörte plötzlich ein paar Worte, die aus seinem Hals kamen: »Vertraue darauf, dass es ungefährlich ist, das auszusprechen, was du fühlst. Vertraue darauf, dass deine Mutter dich liebt, und vertraue darauf, dass du deine Gefühle ausdrücken kannst.«

Jakob hörte die Worte und nickte. »Von jetzt an werde ich nicht mehr meine Gefühle zurückhalten und runterschlucken. Ich werde das Gefühl spüren und es meiner Mutter sagen – selbst wenn ich ein bisschen Angst habe.«

Als Reaktion darauf leuchtete das Innere seiner Kehle wie ein Diamant und funkelte seine Zustimmung. Es war offensichtlich, dass sein Hals wirklich erfreut darüber war, dass Jakob nicht nur seine Lektionen gelernt hatte, sondern in Zukunft davon Gebrauch machen würde. Und Dorian strahlte vor Freude.

Wenn du jetzt in diesem Moment an deinem Lagerfeuer sitzen würdest, was würdest du zu den Personen in deiner Erinnerung sagen? Und was meinst du, was sie wohl antworten würden? Wie würde es sich wohl anfühlen, ihnen allen von ganzem Herzen zu vergeben? Und wie würde es sich anfühlen, wenn sie dir von ganzem Herzen vergeben würden?

Und was wäre, wenn das jüngere Du alle diese Ballons erhalten und sie einatmen würde? Was wäre, wenn du das jüngere Du umarmen und spüren würdest, wie es mit dir verschmilzt und wie es sich anfühlen würde, wenn alle diese wunderbaren inneren Kräfte deinen Körper erfüllen würden? Was meinst du, wie sich das wohl anfühlen würde?

Und wenn dein Lagerfeuer verschwunden ist, wie sieht dann dein Körper aus? Ich frage mich, ob er jetzt wohl voller Licht ist und ganz neu und glänzend aussieht. Und wenn dein Körper irgendeine Botschaft für dich hat, was würde er dir jetzt wohl sagen?

Jakob war sehr zufrieden mit sich selbst und war seinem Körper dankbar dafür, dass er so schnell geheilt war. Jakob wusste jetzt, dass Heilung jederzeit geschehen konnte, ganz von alleine, ohne dass er überhaupt daran denken musste, wie im Schlaf. Er wandte den Kopf zur Seite, und da stand sein silbern leuchtendes Raumschiff genau an der Stelle, wo es ursprünglich gelandet war.

Dorian signalisierte Jakob, dass es Zeit war, wieder in das Raumschiff zurückzugehen, und gemeinsam stiegen sie ein, schnallten die Sitzgurte fest und drückten noch einmal auf den grünen Knopf. Sofort sausten sie los, und im nächsten Moment waren sie wieder an der Tür, durch die Jakob am Anfang gekommen war.

Jakob und Dorian stiegen aus dem Raumschiff. Irgendwie wusste Jakob, dass sein inneres Abenteuer für heute vorbei war.

Er schaute hinauf in Dorians Augen und war ein wenig traurig darüber, dass sie sich jetzt trennen mussten.

Zärtlich, so als wüsste er, was Jakob fühlte, sagte Dorian: »Jakob, ich bin immer hier in deinem Inneren und warte auf dich. Für heute ist deine Reise vorüber, die Heilung hat bereits begonnen, doch wenn du Lust hast, kannst du jederzeit auf eine neue Heilungsreise gehen.«

»Meinst du das ernst? Heißt das, ich kann in mein Raumschiff gehen und meinen Körper von innen erforschen und dort andere Erinnerungen entdecken und sie heilen?«

»Sicher! Wann immer du willst. Ich bin stets in deinem Inneren, und ich habe deine Ballons bei mir und freue mich auf unsere nächste Reise – ich kann es kaum erwarten! Bis dahin begleitet dich meine ganze Liebe bei allem, was du tust.«

Dorian umarmte Jakob mit seinen weichen Flügeln. Dabei fiel eine kleine weiße Feder zu Boden. Jakob bückte sich, um sie aufzuheben, und als er sich wieder aufrichtete, war Dorian schon verschwunden. Aus der Entfernung hörte er noch seine Stimme: »Ich habe dir diese Feder zurückgelassen, um dich daran zu erinnern, dass ich immer hier bin, in deinem Inneren. Wann immer du eine Feder aufhebst, wisse, dass ich sie dir als eine Erinnerung daran geschickt habe, dass ich hier bin und dass die Zeit gekommen ist, um auf eine neue innere Reise zu gehen. Ich liebe dich, Jakob...«

Dorians Stimme verklang in der Ferne. Alles, was blieb, war das sanfte Klingeln von Glöckchen.

Jakob trat durch die Tür zurück in den Gang und sah die 10 Stufen vor sich, die er heruntergestiegen war. Er merkte, wie frei und voller Liebe er sich fühlte und wie leicht sein ganzer Körper war.

Er betrat die unterste Stufe, dann die zweite und die dritte. Er konnte all die Ballons und ihre Kräfte noch immer in seinem Inneren spüren. Mit jedem Schritt, den er die Treppe hinaufstieg, wurden sie mehr und mehr zu einem Teil von ihm. Er nahm die vierte, fünfte und sechste Stufe und fragte sich, wann er auf seine nächste Reise gehen würde. Er wusste, dass er seine Gefühle in Zukunft nie mehr herunterschlucken würde – er würde sie einfach fühlen und seiner Mutter sagen, was er fühlte. Er wusste, dass er schon jetzt voller Mut, Liebe, Vertrauen, Freundlichkeit, Weisheit und Spaß war. Mit jeder Stufe, die er nahm, fühlte er sich leichter und leichter, freier und freier – und so glücklich!

Kannst du dir vorstellen, wie sich das angefühlt hat?

Jakob kam zur achten und neunten Stufe, und als er auf die letzte, die zehnte Stufe trat, spürte er deutlich die Kraft und die Liebe, die durch jeden Teil seines Körpers floss.

Die zehnte Stufe. Ich frage mich, wie du dich wohl fühlen würdest, während du auf die zehnte Stufe trittst.

Langsam öffnete Jakob seine Augen.

Hatte er geträumt? Hatte er sich das Ganze nur vorgestellt? Oder war es wirklich passiert? Er war sich nicht wirklich sicher und drehte sich im Bett um. Und genau da, auf seinem Kopfkissen, lag eine strahlend weiße Feder. Er lächelte, als er merkte, dass Dorian ihm eine Erinnerung dagelassen hatte, ein Zeichen dafür, dass es bald wieder an der Zeit sein würde, gemeinsam auf ein weiteres Heilungsabenteuer zu gehen. Er wusste, dass Dorian dort auf ihn warten würde, am Fuße der magischen Stufen, und in dieser wohligen Gewissheit glitt er sanft hinüber in einen tiefen, friedlichen Schlaf.

Ist es nicht wunderbar zu wissen, dass der Engel immer in deinem Inneren ist und mit seinen Ballons darauf wartet, dich auf einer neuen magischen Reise zu begleiten? Und was für eine erstaunliche, phantastische Reise es ist!

Dritter Teil

Der Journey-Prozess für Acht- bis Zwölfjährige

13

Einführung in »The Kid's Journey«

Bevor Sie sich mit einem Kind auf die Kid's Journey begeben, lesen Sie bitte *gründlich* den ersten Teil dieses Buches. Er erklärt Ihnen anhand zahlreicher Beispiele, was wir im Laufe der Jahre bei der Arbeit mit vielen Kindern als nützlich erkannt haben. Durch die inspirierenden Geschichten der Kinder werden Sie die Bandbreite der individuellen Reaktionen auf die Kid's Journey kennenlernen. Wenn Sie sich erst einmal mit den Grundlagen vertraut gemacht haben, werden Sie sich inspiriert fühlen, bei Ihrer eigenen Anwendung kreativ vorzugehen. Daher lesen Sie bitte den ersten Teil dieses Buche, *bevor* Sie weitermachen.

Sollten Sie dann die Absicht haben, mit einem acht- bis zwölfjährigen Kind zu arbeiten, empfehle ich Ihnen, den zweiten Teil zu lesen, das »Heilungsabenteuer« für jüngere Kinder. Indem Sie dieses Kapitel ein paar Mal durchlesen, lernen Sie die Journey-Arbeit kennen, die für den Kid's Journey-Prozess der älteren Kinder die Basis bildet.

Nachdem Sie sich mit dem »Heilungsabenteuer« vertraut gemacht haben, ist es eine gute Idee, den Vorgang Ihren Acht- oder Zwölfjährigen entweder im Detail zu erklären *oder ihnen die Geschichte laut vorzulesen.* Erklären Sie, dass die Geschichte zwar für jüngere Kinder geschrieben wurde, sie sich jedoch die Geschichte anhören sollten, um die grundlegende Struktur des Prozesses zu verstehen. Beim Zuhören fühlen sich die Kinder automatisch in viele der Lehren und Fertigkeiten ein, was ihnen für den eigentlichen Prozess eine unbeschwertere aktive Teilnahme ermöglicht. Das »Heilungsabenteuer« können sie sich wie ein Märchen anhören, wohingegen der komplette Kid's Journey-Prozess aktiver ist und die volle Teilnahme des Kindes erfordert – imaginativ, verbal und emotional. Daher eignet sich die Geschichte wunderbar dazu, Ihre Acht- bis Zwölfjährigen auf den Prozess vorzubereiten.

Als Nächstes lesen Sie den ganzen Kid's Journey-Prozess ein paar Mal selbst durch, um sich gut mit dem Wortlaut, den Fragen und Antworten vertraut zu machen.

Außerdem ist es eine gute Idee, vor Beginn des Prozesses mit Ihrem Kind über hilfreiche innere Eigenschaften zu sprechen, wie beispielsweise Selbstwertgefühl, Selbstvertrauen, Unbeschwertheit, Humor, Spielfreude, Mut, Liebe, Mitgefühl, die Kristallkuppel sowie die Fähigkeiten, an den richtigen Orten nach Liebe zu suchen, um Hilfe zu bitten, »Nein« zu sagen, sich anderen gegenüber zu öffnen, über kreatives Kommunizieren und so weiter (*siehe 9. Kapitel für weitere Vorschläge*). Wenn Sie vorher über die verschiedenen Eigenschaften sprechen, die in den Ballons enthalten sein können, wird das Kind bei seinem Prozess leichteren Zugang dazu haben, wenn es sie braucht.

Falls dies die erste Kid's Journey für Ihr Kind ist, empfehle ich Ihnen dringend, als Partner einen liebevollen Außenstehenden zu wählen, wie zum Beispiel eine Freundin oder Tante, einen Onkel oder Therapeuten, sodass eine gewisse Privatsphäre gewahrt bleibt. Eigentlich gilt das sogar für die ersten zwei oder drei Prozesse. Danach wird das Kind so vertraut sein mit dem Prozess, dass es ihn vielleicht sogar abends im Bett alleine oder mit seinen Freunden durchspielt, vielleicht wird Ihr Kind Sie sogar bitten, regelmäßig mit ihm zu arbeiten. Ein Vater wurde von seinem Sohn gebeten, jede Nacht die Kid's Journey an Stelle der alten Märchen zu erzählen, die er früher vorgelesen hatte!

Im Allgemeinen dauert eine Kid's Journey nur etwa zwanzig

Minuten, es sei denn, das Kind ist schon ein wenig größer und möchte gründlichere und besonders ausdrucksstarke Lagerfeuer haben – wie zum Beispiel Emma mit ihren Problemen mit der Scheidung ihrer Eltern.

Während Sie den Prozess vorlesen, werden Sie zuweilen an Stellen kommen, die mit ...-Pünktchen gekennzeichnet sind. Damit schlagen wir vor, eine Pause einzulegen und Ihrem Kind genügend Zeit zu geben, entweder verbal zu reagieren oder ein inneres Bild zu erzeugen. Jedes Kind durchläuft den Journey-Prozess in seinem eigenen, individuellen Tempo, Sie werden selbst merken, wie viel Pause jeweils nötig ist.

Bei der Arbeit mit Kindern ist es in der Regel hilfreich, spielerisch und selbst wie ein Kind zu sein. Wenn Sie lebhaft und imaginativ sind, wird Ihr Kind sich meist genauso verhalten. Denken Sie daran, dass Kinder schnell Zugang zu ihrer Imagination und ihren kreativen Fähigkeiten haben. Daher könnte Ihr Kind Ihnen manchmal vorauseilen. Vielleicht rennt es schon die Stufen hinunter, springt in das Raumschiff und landet an irgendeiner Stelle seines Körpers, bevor Sie überhaupt die entsprechenden Worte ausgesprochen haben. Daher achten Sie bitte darauf, mit dem Kind Schritt zu halten!

Bei der Arbeit mit Kindern schlagen wir oft vor, dass als innerer Begleiter ein Engel oder eine dem Kind vertraute Heldenfigur erscheinen möge, da diese allen Kindern bekannt sind und sie ihrer Kraft und Weisheit vertrauen.

Höchstwahrscheinlich wird Ihr Kind sehr lebhafte bildliche Eindrücke darüber haben, wie es in seinem Körper aussieht. Es ist höchst interessant, ihm genug Zeit zu geben und sich in allen Einzelheiten beschreiben zu lassen, was es sieht. Ermutigen Sie Ihr Kind, alles auszusprechen, und hören Sie ihm mit ungeteilter Aufmerksamkeit zu.

Fühlen Sie sich beim Change Memory-Prozess frei, die eine oder andere innere Ressource für einen Ballon anzubieten, die vielleicht nützlich sein könnte. Darüber hinaus wird sich Ihr

Kind an die Eigenschaften erinnern, die Sie vor dem Prozess besprochen haben, und es ist anzunehmen, dass es auch einige davon wählen wird.

Wenn es um Vergebung geht, sind Kinder generell schnell bereit dazu. Doch achten Sie bitte darauf, dass vorher alle aufgestauten Emotionen zum Ausdruck gebracht wurden. Fordern Sie sie liebevoll auf, erst dann zu vergeben, wenn keine unausgesprochenen Gefühle oder Gedanken mehr vorhanden sind.

Sollte das Kind auch nach dem Loslassen aller aufgestauten Emotionen aus irgendeinem Grund noch immer nicht bereit sein zu vergeben (was extrem selten ist!), fragen Sie einfach seinen inneren Begleiter am Lagerfeuer: »Was muss geschehen, damit Vergebung möglich ist?« Der innere Begleiter wird die perfekte Lösung parat haben. Kinder sind sehr kreativ und erfinderisch, wenn es darum geht, ihren eigenen Weg zu Vergebung und Heilung zu finden, doch sollten Sie irgendeinen Zweifel haben – und das gilt für *alle* Aspekte des Prozesses – fragen Sie einfach den Mentor, Engel oder geistigen Führer des Kindes. Seine eigene Weisheit wird ohne Schwierigkeiten die Antworten wissen, die der Situation angemessen sind.

Achten Sie darauf, dass jeder am Lagerfeuer jedem anderen verzeiht – egal, ob es »nötig« ist oder nicht. Eine zusätzliche Dosis Vergebung kann nie schaden.

Wenn das Lagerfeuer beendet ist, geben Sie dem Kind genug Zeit zu sehen, wie die Dinge sich verändern und seinen Körper transformieren. Kinder lieben diesen Teil des Prozesses ganz besonders und können sehr anschaulich beschreiben, was sie sehen.

Wenn der Prozess abgeschlossen ist, werden die Kinder normalerweise ungeduldig und wollen mit dem Raumschiff sofort zu der Tür zurückfahren und die Stufen *hinaufrennen*. Auch hier sollten Sie dem Kind sein eigenes Tempo lassen.

Die meisten Kid's Journeys dauern höchstens 20 Minuten, da Kinder schnell begreifen, worum es in dem Prozess geht; es fällt ihnen nicht schwer zu vergeben und die alten Probleme loszulassen, und sie wollen schnell fertig werden. Bitte stellen Sie sich auf das Tempo Ihres Kindes ein – es kann schneller (oder manchmal auch ein wenig langsamer) sein, als Sie vielleicht erwarten.

Wenn das Kind seinen Prozess beendet hat, gratulieren Sie ihm. Loben Sie es und hüllen Sie es in Ihre Liebe ein. Vielleicht wollen Sie das Kind ermutigen, ein »Vorher«- und »Nachher«-Bild zu malen, und vielleicht möchten Sie es fragen, wie es sich in Zukunft bezüglich seines alten Problems fühlen wird.

In der Regel fühlen sich Kinder nach ihrem Prozess so erfrischt und voller Freude, dass sie es kaum erwarten können, zu ihren Freunden zu laufen und zu spielen. Freuen Sie sich mit Ihrem Kind und lassen Sie es seine neugefundene Energie und Fröhlichkeit nach seinem eigenen Bedürfnis zum Ausdruck bringen.

Es kann sein, dass Ihr Kind im Laufe des Prozesses irgendwann die Augen öffnet. Das ist kein Problem. Ich empfehle zwar, die Augen während des ganzen Kid's Journey-Prozesses geschlossen zu halten, aber es ist nicht absolut essentiell. Beim Vorlesen haben die meisten Kinder längst gelernt, sich auch mit offenen Augen Situationen und Dinge vorzustellen.

Trauen Sie vor allem Ihrem eigenen Gefühl bei der Journey-Arbeit mit Ihrem Kind. Erinnern Sie sich daran, dass Ihr Kind bereits frei und vollkommen ist. Tief in seiner Seele strahlt ein Diamant. Sie entfernen lediglich ein paar Schichten und nehmen den Lampenschirm ab, damit sein eigenes natürliches Potenzial neu erstrahlen kann.

Vergessen Sie nicht, es gibt kein besseres Werkzeug und keine bessere Technik als das, was Sie dazu gebracht hat, dieses Buch zu erwerben: Ihre Liebe für Ihr Kind. »... und die Größte von allen ist die Liebe.«

****

Der folgende Brief eines Vaters scheint mir ein passender Abschluss für diese Einführung zu sein und eine Inspiration für uns alle:

»Mein Sohn Tom war sehr schüchtern, in sich zurückgezogen, und hatte wenig Selbstvertrauen. Am liebsten saß er vor dem Computer oder dem Fernseher. Außerdem war er nicht sehr gut bei seinen mündlichen Prüfungen in der Schule, da ihm das nötige Selbstbewusstsein fehlte, um sich verbal zu äußern.

Doch bei dem Journey-Seminar in Durban stand mein Sohn tatsächlich auf und sprach vor allen Anwesenden – ohne ein einziges Mal ins Stocken zu geraten!

In der Schule und zu Hause ist er seither viel selbstbewusster und seine Selbstachtung ist auch größer geworden. Er sieht jetzt sogar größer aus, da er vorher immer einen leicht geduckten Gang hatte, so als wollte er nicht auffallen. Er erzählt allen seinen Freunden von der »Journey« und ist zu einer Art »Mini-Berater« für seine Klassenkameraden geworden. Er möchte den Journey-Prozess in die Schule bringen und einen Journey-Club starten, da die Arbeit vielen seiner Freunde geholfen hat, deren Eltern geschieden sind oder die andere Traumata hinter sich haben.

14

Der Prozess »The Kid's Journey«

Erlaube dir, eine wirklich bequeme Körperhaltung zu finden, und wenn du so weit bist, schließ deine Augen. ... Jetzt nimmst du einen schönen tiefen Atemzug. ... Und jetzt atme aus ... und noch einmal ... atme tief ein ... und atme wieder aus.

Nun stell dir vor, wie du vier wunderschöne, strahlende Ballons erhältst, die mit wunderbaren Eigenschaften angefüllt sind. ... Der erste Ballon ist voller Entspannung und innerem Frieden, also stell dir innerlich vor, wie du diesen Ballon der Entspannung und des Friedens entgegennimmst. ... Wenn du ihn hast, atmest du dieses Gefühl tief ein ... und es breitet sich in deinem ganzen Körper aus. ... Gut. ...

Als Nächstes erhältst du einen Ballon des Vertrauens. ... Nimm ihn und atme das Vertrauen ein ... und lass es deinen ganzen Körper erfüllen. ... Gut. ... Und jetzt einen Ballon des Mutes. ... Atme ihn ein. ... Und nun einen Ballon für Freude. ... Atme ihn ein. ... Wunderbar. ...

Und jetzt, wo dein ganzer Körper von Freude, Mut, Vertrauen und Entspannung erfüllt ist, kannst du die Ballons loslassen in dem Wissen, dass alle diese Eigenschaften bereits in dir sind.

Und nun stell dir eine wundersam schöne, nach unten führende Treppe mit 10 magischen, schillernden Stufen vor. … Dies ist eine ganz besondere Treppe, denn sie wird dich in eine allumfassende Liebe bringen. … Mit jedem Schritt, den du sie gleich heruntergehen wirst, trägt sie dich tiefer und tiefer in ein unendlich funkelndes Licht. … Und du brauchst dafür nichts zu tun, als weiter die Treppe herunterzusteigen. … Du musst nur auf die Stufen treten, und mit jedem Schritt wirst du merken, wie du dich immer mehr entspannst … ganz natürlich … tiefer und tiefer … hinein in die Liebe und das Licht in deinem Innersten. …

Kannst du die Treppe jetzt sehen? … Gut. … Wenn du noch nicht losgegangen bist, tritt jetzt auf die oberste Stufe, die Nummer 10 … spüre, wie du anfängst, dich zu entspannen … und jetzt Stufe Nummer 9 … und Nummer 8. … Wunderbar. … Achte darauf, wie jede Stufe, auf die du trittst, dafür sorgt, dass du dich entspannst und dich immer mehr dem Licht und der Liebe öffnest. … 7 .... 6 … 5 … Fühle, wie deine eigene Energie sich jetzt ausdehnt … wie sie überall um dich herum bis ins Endlose wächst. … 4 … Merke, wie entspannt und offen du bist … und fühle, wie sich der Raum mit Liebe und Licht zu füllen beginnt. … 3 … 2 … Fühle, wie eine allumfassende Liebe und tiefer Frieden dich umgibt … Liebe innen … Liebe außen … Liebe überall … 1 … jetzt ruhst du selig in einem Meer des Friedens und der Liebe, das dich und alles andere umgibt. …

Nun siehst du vor dir eine große magische Tür. … Hinter dieser Tür ist ein riesiges strahlendes Licht voller Liebe. … Dies ist das Licht deines eigenen tiefsten Selbst. … Außerdem wartet hinter der Tür ein besonderer innerer Begleiter oder eine Begleiterin auf dich. … Es kann ein Schutzengel oder ein Heiliger sein … oder vielleicht auch ein guter, schlauer Held aus einem Buch oder Film … oder ein sehr freundlicher, weiser Zauberer. … In jedem Fall ist es jemand, dessen Weisheit du vertrauen kannst ... und in dessen Gegenwart du dich sehr sicher und beschützt fühlst. ...

Kannst du die Tür sehen? ... Spürst du, dass dahinter ein riesiges Licht ist? ... Wunderbar. ... Weißt du, dass direkt hinter dieser Tür jemand auf dich wartet, der weise und freundlich ist und der dich beschützt? ... Sehr gut. ...

Nun tritt durch die Tür ... und fühle, wie du von strahlendem Licht umgeben bist ... erfüllt von Liebe. ... Neben dir steht dein innerer Begleiter oder eine Begleiterin. ... Kannst du ihn oder sie sehen? ... Gut. ... Wie sieht er/sie aus? ... Willst du mir sagen, wie er/sie aussieht? ... (Warten Sie auf eine Beschreibung, ermuntern Sie das Kind, seine Eindrücke in Worte zu fassen.) ... Wunderbar. ... Warum gehst du nicht sofort hinüber zu deinem inneren Begleiter und begrüßt ihn? ...

Jetzt siehst du auf der Seite ein herrliches, silbern glitzerndes Raumschiff ... Es ist ein sehr magisches Gefährt, weil es vollkommen sicher und elegant *überall* in deinem Körper umherfahren kann ... und nicht nur das, es weiß auch genau, wo es hinfahren will ... Kannst du das Raumschiff sehen? ... Wunderbar ...

Nun kannst du mit deinem inneren Begleiter in das Raumschiff steigen und die Türen schließen. ... Ihr setzt euch ins Cockpit und schnallt eure Sitzgurte fest. ... Wie sieht es in dem Raumschiff aus? ... (Warten Sie auf eine Beschreibung. Ermutigen Sie das Kind, sich auszudrücken.) ... Sehr gut. ...

Vor dir siehst du jetzt eine faszinierende Instrumententafel ... und wenn du genau hinschaust, siehst du einen grünen Knopf. ... Wenn du so weit bist und alle Türen sicher verschlossen sind

... kannst entweder du oder dein Begleiter zum Start auf den grünen Knopf drücken. ... Du wirst merken, dass das Raumschiff dich blitzschnell *an irgendeine Stelle* in deinem Körper transportiert. ... Es kann in die Muskeln fahren, die Knochen, Organe, Venen, in dein Herz, deine Augen, Ohren, deinen Hals, dein Blut oder deine Haut ... es kann *überall* in deinem Körper umherfahren ... und nicht nur das, sondern es weiß auch genau, wohin es fahren will, weil es von deiner eigenen Körperweisheit angetrieben wird ... von dem Teil in dir, der dafür sorgt, dass dein Herz schlägt und deine Augen leuchten und dein Atem herein- und herausgeht ... Wenn du bereit bist, kannst du jetzt auf den grünen Knopf drücken ...

Hast du ihn gedrückt? ... Gut. ... Wie fühlt es sich an? ...

Jetzt setze mit deinem Raumschiff zu einer schönen, weichen Landung an. ... Bitte keine Bruchlandung! ... Lass es ausrollen, bis es total zum Stillstand kommt. ... (Lassen Sie das Kind die Situation beschreiben.)

Und jetzt, wenn du so weit bist, kannst du die Handbremse anziehen, deinen Sitzgurt lösen und eine Taschenlampe nehmen ... und aus dem Raumschiff heraustreten. ...

Leuchte mit deiner Taschenlampe die ganze Umgebung ab und spüre, wie es sich unter deinen Füßen anfühlt. ... Wie fühlt es sich an? ... Wie sieht es in der Gegend aus, wo du gelandet bist? ... Dreh dich um und erforsche die ganze Gegend und beschreib mir, was du siehst. ... (Ermuntern Sie das Kind mit Worten, alles genau zu beschreiben.) ... Hast du ein Gespür dafür, wo du angekommen sein könntest? ...

Achte auf eine Stelle, die irgendwie *anders* ist als der Rest. ... Sie kann dunkler oder heller sein ... oder eine andere Beschaffenheit oder Temperatur oder Farbe haben als die restliche Umgebung. …

Kannst du die Stelle sehen … und sie mir beschreiben? … Wunderbar. … Jetzt kannst du mit deinem Begleiter direkt zu dieser Stelle hinübergehen … und während du daneben stehst, werden alle Gefühle und Emotionen, die in dieser Gegend gespeichert sind, durch dich hindurchfließen. … Je näher du an die Stelle herangehst, desto mehr Gefühle fließen durch dich hindurch. … Was das wohl für Gefühle sein könnten? … Geh einfach hin und stell dich genau neben diese Stelle und *fühle*, was du in diesem Moment zu fühlen beginnst. … Sehr schön. …

Was ist das für ein Gefühl? … Gut. … Und jetzt frag dich selbst: »Wann habe ich mich schon einmal so gefühlt?« … Schau herunter auf deine Füße und stell dir vor deinen inneren Augen vor, welche Art von Schuhe du vielleicht getragen hast, während du das Gefühl fühlst. … Wie alt fühlst du dich an? … Frage dich selbst: »Wann habe ich mich schon einmal so gefühlt?« … und schau dabei wieder hinunter auf deine Füße und schau nach, welche Schuhe du trägst. … Hast du eine lange Hose an? Eine kurze? Wie bist du gekleidet? … Bist du in einem Haus oder draußen? … Wer ist noch bei dir? … Wie seltsam fühlst du dich an? … Was passiert jetzt in deiner alten Erinnerung? … Lass die ganze Szene vor deinem inneren Auge ablaufen … genauso, wie es damals passiert ist, als du jünger warst … und wenn du dich wirklich an die ganze Szene erinnern kannst, übertrage die alte Erinnerung auf einen großen Bildschirm am Himmel … und sobald die Szene dort gespeichert ist, lass den Bildschirm dunkel werden … in dem Wissen, dass du sie dir in ein paar Minuten wieder anschauen kannst …

Ganz in eurer Nähe prasselt jetzt ein warmes, gemütliches Lagerfeuer. Du setzt dich mit deinem Begleiter an das Feuer, das ganz von Liebe und Frieden erfüllt ist. … Während du an dem

Feuer sitzt, fühlst du dich in Sicherheit. In deiner Hand hast du eine Fernbedienung, mit der du dir gleich die alte Erinnerung auf dem Bildschirm am Himmel wieder anschauen kannst, während du mit deinem Begleiter in der warmen Geborgenheit des Lagerfeuers sitzt. ... Du kannst dich sogar bei deinem Begleiter auf den Schoß setzen, wenn du dich dann besser fühlst. ...

Wenn du also so weit bist, nimm die Fernbedienung, drück auf den Knopf und lass die alte Szene von Anfang bis Ende noch einmal ablaufen. ... (Lange Pause.) ... Hast du es getan? ... Wunderbar ...

Sag mir, was in dieser alten Erinnerung passiert ist. ... Wärest du bereit, es mir zu beschreiben? ... (Geben Sie dem Kind ausreichend Zeit für eine ausführliche Beschreibung.) ... Sehr gut. ... Und jetzt drück auf den »Stop«-Schalter. Wir wollen das jüngere Du aus der alten Erinnerung einladen, sich zu uns ans warme Lagerfeuer zu setzen. ... Jetzt müsstet ihr eigentlich zu Dritt am Feuer sitzen: das jüngere Du, das jetzige Du und dein Begleiter. ... Seid ihr alle da? ... Wunderbar.

Ich würde gerne wissen, welche inneren Kräfte dir damals vielleicht geholfen hätten, besser mit der Situation umzugehen. ... Ich frage mich, welche Art von Gefühlen und Fähigkeiten für dich in dieser alten Szene wohl hilfreich gewesen wären. ... Wenn du deinen Begleiter anschaust, wirst du sehen, dass er einen großen Strauß leuchtend bunter Ballons in der Hand hält. ... In jedem Ballon befindet sich eine wunderschöne innere Kraft, die dir vielleicht in dieser Situation hätte helfen können. ... Ich würde gerne wissen, welche Kräfte in diesen Ballons enthalten sind. ... Was hätte dir damals geholfen, dich *innerlich* besser zu fühlen? ... Welche Art von Ballons wäre hilfreich gewesen? ... (Lassen Sie das Kind einige der Ballons benennen. Ermutigen Sie es. Und vielleicht möchten Sie dem Kind eine

Qualität vorschlagen, von der Sie spüren, dass sie passend ist. Fragen Sie das Kind, ob es einen der von Ihnen vorgeschlagenen Ballons haben möchte .)

Dein Begleiter gibt jetzt deinem jüngeren Du einen Ballon. Weißt du, was darin ist? ... Wenn nicht, lass es uns zusammen herausfinden. ... Und wenn dein jüngeres Du den Ballon genommen hat, atmet es diese Kraft ein ... tief ein ... bis sie seinen ganzen Körper erfüllt. ... Lass uns jetzt einen Ballon nach dem anderen nehmen und ihm einen Namen geben. ... Dein jüngeres Du nimmt die Ballons und atmet ihre Kräfte tief in seinen Körper, bis er ganz erfüllt ist. ... (Nehmen Sie sich viel Zeit, ermuntern Sie das Kind und machen Sie das Ganze zu einer vergnüglichen Angelegenheit. Sorgen Sie dafür, dass es sich um *innere* Qualitäten und nicht um äußere Bedingungen handelt!)

Jetzt, wo dein jüngeres Du angefüllt ist mit diesen wunderbaren Kräften, kannst du es in den Bildschirm am Himmel zurücktreten lassen ... und die ganze Szene noch einmal ablaufen lassen, doch dieses Mal so, wie sie mit all diesen wunderbaren inneren Kräften und Fähigkeiten abgelaufen wäre. ... Und nun beschreibe, was geschehen wäre, wenn du alle diese guten Kräfte damals gehabt hättest. ... Lass die Szene sich auf eine bessere, glücklichere Art abspielen, und wenn sie beendet ist, sag mir, was passiert ist ... (Lassen Sie dem Kind ausreichend Zeit und ermuntern Sie es, die Szene ausführlich zu beschreiben.)

Wenn du damit fertig bist und gesehen hast, wie viel leichter und glücklicher du dich innerlich mit all deinen Ballons gefühlt hast ... lass das jüngere Du noch einmal von der Leinwand heruntersteigen und zu dir ans Lagerfeuer kommen. ... Das jüngere Du kann auf dem Schoß deines Begleiters sitzen, wenn es sich so besser fühlt. ... Und dann lade auch die anderen Personen, die an der Szene beteiligt waren, ein, von der Leinwand herunterzukommen und mit dir am Lagerfeuer zu sitzen. ...

Jetzt sollte also jeder, der damals in deiner Erinnerung dabei war, an dem gemütlichen, warmen Feuer sitzen. … Ist das jüngere Du da? … Gut. … Und das jetzige Du? … Gut. … Dein Begleiter? … Gut. … Und all die anderen Personen aus der Szene? … (Lassen Sie das Kind jeden einzelnen beim Namen nennen.) … Wunderbar. … Und jetzt sitzen also alle zusammen am Lagerfeuer. …

Ich bin sicher, dass das jüngere Du noch ein paar alte, aufgestaute Gefühle hat, die es endlich gerne herauslassen möchte. … Wenn diese Gefühle in Worten beschrieben werden sollten, welche Worte könnten das wohl sein? … Erlaube dem jüngeren Du, den ganzen Schmerz und die Wut und Angst, die es bei jener alten Erinnerung fühlt, wirklich vollständig herauszulassen, … während die anderen Personen zusammen am Lagerfeuer sitzen und einfach zuhören. …

Wenn das jüngere Du eine Person wählen könnte, zu der es sprechen wollte, um endlich seine ganzen Gefühle auszudrücken und loslassen zu können, bin ich neugierig, zu wem das jüngere Du wohl sprechen würde. … (Ermutigen Sie das Kind, die entsprechende Person zu wählen.)

Jetzt ist der Zeitpunkt für dich gekommen, um dir alles von der Seele zu reden. … du kannst jetzt alles in Worten ausdrücken, wozu du bisher nie die Gelegenheit hattest. … Wenn du endlich die tatsächliche Wahrheit darüber ausdrücken könntest, wie du dich in jener alten Erinnerung *wirklich* gefühlt hast, was würde das jüngere Du dann sagen? …

(Lassen Sie der jüngeren Version des Kindes genug Zeit, seine Gefühle restlos zum Ausdruck zu bringen. Wenn das Kind Schwierigkeiten hat, die alten Emotionen hochkommen zu lassen, geben Sie ihm einen Ballon mit der Fähigkeit, seine Gefühle zu spüren und alles zu sagen, bis nichts mehr ungesagt ist.)

Wahrscheinlich haben die anderen Personen damals das Beste getan, was sie mit ihrem eigenen Schmerz tun konnten, den sie zu dem Zeitpunkt selbst empfunden haben, … wenn also die angesprochene Person dir antworten könnte, nicht von ihrer äußerlichen Persönlichkeit, sondern von einem tieferen, ehrlichen Ort in ihrem Inneren … was würde die andere Person dann sagen? …

Und wenn du dem Betreffenden antworten könntest, was würdest du als Antwort auf seine Worte sagen? … (Lassen Sie dem Kind genügend Zeit, alles in Worte zu fassen, was ihm auf der Seele liegt.) Und wenn die andere Person aus ihrem innersten Herzen heraus sprechen würde, was würde sie dann *wirklich* sagen? Was war damals auf der Gefühlsebene los? … Lass die andere Person mit Worten antworten, die aus ihrem tiefsten Inneren kommen. … (Lassen Sie dem Kind genügend Zeit dazu.) Gut. … Und was würdest du erwidern? …

(Fahren Sie mit diesem Gespräch fort, bis beide Seiten alles ausgedrückt haben, was ihnen auf dem Herzen liegt und sie eine Art Frieden und Verständnis gefunden haben.)

Vielleicht möchtest du jetzt in das Innere der anderen Person gehen und fühlen, was sie damals *wirklich* gefühlt hat. … (Lassen Sie das Kind die Gefühle beschreiben – falls es zögert, ermuntern Sie es, alles auszusprechen.)

Und nun tritt in das Herz jener Person … in den Teil von ihr, der voller Liebe ist. … Jetzt, aus ihrem tiefsten Herzen, aus dem Teil in ihr, der am allerbesten ist … schau durch die Augen dieser anderen Person und sieh, wie liebevoll und freundlich sie sich damals dir gegenüber *in Wahrheit* gefühlt hat.

Und jetzt tritt wieder aus der anderen Person hinaus. … Wenn diese Person *jetzt* sprechen könnte, was würde sie sagen?

… Würde sie sagen, dass es ihr Leid tut und dass sie wünschte, sie hätte dir nicht wehgetan? … Und was würdest du wohl darauf erwidern? … Wärest du bereit, ihre Entschuldigung anzunehmen? … Wunderbar. …

Und nun frage deinen Begleiter, ob es noch irgendetwas gibt, das gesagt oder ausgedrückt werden muss …

Wenn das heutige Du schließlich jener anderen Person noch etwas sagen könnte, was wäre das? … Und wenn die andere Person dir aus ihrem eigenen tiefsten Herzen antworten könnte, was würde sie sagen? … Erlaube deinem jüngeren und deinem heutigen Du, sich endlich zu öffnen und alles zu sagen, was ihr auf dem Herzen habt. … (Ermutigen Sie das Kind, alles herauszulassen, bis nichts mehr von den alten Emotionen übrig ist.)

Nachdem du jetzt Gelegenheit hattest, diese ganzen alten Schmerzen und Verletzungen rauszulassen, würde ich gerne wissen, ob du bereit bist, jener anderen Person zu verzeihen. … (Lassen Sie dem Kind Zeit für eine Antwort.) Wenn du auch ihr damaliges Verhalten nicht entschuldigen kannst, bist du dennoch bereit, endlich ihre Entschuldigung anzunehmen und ihr zu verzeihen? … Wunderbar. …

Lass die Person sagen »Es tut mir Leid« und dann kannst du ihr sagen, dass es dir auch Leid tut. … Und nun kannst du der anderen Person komplett vergeben. … Du kannst das ruhig laut sagen. …

(Wenn nötig, können Sie diesen ganzen Prozess mit jeder anderen Person am Lagerfeuer wiederholen.)

Und nun, indem du allen Personen am Lagerfeuer deine Liebe und Vergebung geschickt hast, und mit der Bitte, dass sie sich endlich auch selbst dafür verzeihen, dass sie sich damals so verhalten haben, kannst du sie alle ins Licht entlassen. Sie entschwinden in die Liebe, die dich immer noch umgibt. … Jetzt ist nur noch das jüngere Du da, das heutige Du und dein Begleiter. … Sitzt nur ihr drei noch vor dem Lagerfeuer? … Sehr gut. …

Jetzt wende dich dem jüngeren Du zu und sage ihm: »Es tut mir Leid, dass du soviel gelitten hast. … Du hattest einfach nicht den Zugang zu all den herrlichen inneren Kräften und Fähigkeiten, die mir heute zur Verfügung stehen. … Ich verspreche dir, dass ich dich nie wieder diese Schmerzen erleiden lassen werde, … denn vom heutigen Tag an werde *ich* dich lieben und beschützen.« … Dann gibst du dem jüngeren Du noch einmal seinen großen Strauß bunter Ballons … und forderst es auf, sich mit all diesen wunderbaren inneren Eigenschaften anzufüllen … sie einzuatmen … so lange, bis sein ganzer Körper davon erfüllt ist. …

Nun umarme das jüngere Du und lass es einfach mit dem heutigen Du verschmelzen … es wird ein Teil von dir … und wächst in deinem Inneren heran, mit all diesen wunderbaren inneren Eigenschaften … mitten in *deinem* Herzen! … Fühle, wie das jüngere Du heranwächst und zu dem heutigen Du wird … und atme all die fabelhaften Kräfte und Fähigkeiten ein, in dem Wissen, dass sie von nun an Teil deines Körpers und deines Wesens sind. … Alle Zellen deines Körpers werden mit diesen Qualitäten erfüllt. …

Jetzt ist es Zeit, das Lagerfeuer verschwinden zu lassen … und du kannst gemeinsam mit deinem Begleiter noch einmal die Gegend abschreiten, die du zuerst nach der Landung deines Raumschiffes gesehen hast … in deinem Körper. … Achte darauf, wie die Dinge sich jetzt dort zu verändern beginnen. … Sieht es schon glänzender, strahlender und frischer aus? … Kannst du mir erzählen, wie diese Gegend jetzt aussieht? … (Lassen Sie dem Kind genügend Zeit für eine ausführliche Beschreibung. Ermuntern Sie es, alle Einzelheiten zu erwähnen.) Beschreibe die Stelle, die vorher irgendwie anders war. … Wie sieht es dort jetzt aus? … Auf welche Weise verändert sie sich? … Geh herum und beschreibe genau, wie dort alles jetzt heilt. …

Wenn dieser Teil deines Körpers dir einen abschließenden Rat geben wollte, was würde er sagen? … Was solltest du seiner Meinung nach wissen? …

Jetzt ist der Zeitpunkt gekommen, in das Raumschiff zurückzugehen, dankbar, dass der gleiche Teil in dir, der dafür sorgt, dass dein Herz schlägt, den Heilungsprozess alleine auf natürliche Weise fortsetzen wird, ohne dass du überhaupt darüber nachdenken musst. …

Bist du wieder in deinem Raumschiff? … Gut. … Schließ die Türen, schnall den Sicherheitsgurt an und drück wieder auf den grünen Knopf. … Lass dich von dem Raumschiff an die Tür zurückbringen, durch die du ursprünglich gekommen bist. …

Bist du schon da? … Sehr gut … Und jetzt verabschiede dich von deinem Begleiter und wisse, dass du jederzeit wieder auf eine Reise durch dein Inneres gehen kannst. … (Lassen Sie dem Kind genügend Zeit dafür.) Hat dein Begleiter noch einen abschließenden Rat für dich? … Gut, und jetzt umarme ihn ganz fest. …

Dann wende dich der Tür zu und tritt hindurch auf die andere Seite in dem Wissen, dass dein Begleiter bei deiner nächsten Journey schon auf dich warten wird … und schau auf die 10 glänzenden Stufen vor dir. … Fühl das Licht und die Liebe, die dich umgeben. … Lass das Licht und die Liebe dein ganzes Wesen erfüllen. …

Nun tritt auf die erste Stufe … die zweite Stufe … und wisse, dass du mit jedem Schritt, den du machst, wieder in die Freude des jetzigen Augenblickes zurückkehrst … 3 … 4 … 5 … du fühlst dich entspannt, erfrischt und dankbar über diese wunderbare innere Reise … 6 … 7 … glücklich darüber, dass du all die herrlichen Ballon-Qualitäten in deinem Inneren hast … und dankbar, dass du verzeihen konntest … 8 … 9 … und wenn du auf die zehnte Stufe trittst, wirst du feststellen, dass du nur dann deine Augen wieder öffnen kannst, wenn du alle aufgestauten Gefühle restlos zum Ausdruck gebracht hast und dein Körper bereit ist, sich ganz natürlich und von selbst vollständig zu heilen. … Und wenn alle Teile von dir beschlossen haben zu heilen, wirst du feststellen, dass du, wenn ich »Zehn« sage, in der Lage sein wirst, deine Augen zu öffnen. … 10 … Du kannst jetzt deine Augen öffnen.

Wunderbar! … Das hast du toll gemacht. … Einfach phantastisch, wie du deinen Prozess gemacht hast.

(Lassen Sie dem Kind Zeit. Ermuntern Sie es und spenden Sie ihm jede Menge Lob. Sorgen Sie dafür, dass es sich an alle seine Ballons erinnert. Sagen Sie ihm, wie wunderbar es seinen Prozess absolviert hat und was für ein Privileg es war, mit ihm zu arbeiten.)

15

Arbeiten mit Jugendlichen

Obwohl dies kein Buch über die Prozess-Arbeit mit Jugendlichen ist, bin ich sicher, dass Sie sein Potenzial erkennen und sich dazu geneigt fühlen, mit Ihren Jugendlichen zu arbeiten. Daher möchte ich gerne ein paar Vorschläge machen, die sich bei unserer Arbeit mit Heranwachsenden als besonders nützlich erwiesen haben.

Im Allgemeinen besitzt ein Kind mit 13 Jahren nach meinem Empfinden genug innere Weisheit, um die Emotional- und Physical Journey-Prozesse für Erwachsene problemlos zu verstehen und durchzuführen. Daher schlage ich in der Regel vor, dass Ihr Jugendlicher das Journey-Buch für Erwachsene liest. Darin sind gründliche Anleitungen für einen vollständigen Emotional Journey-Prozess enthalten (im Gegensatz zu diesem Kid's Journey-Buch), und es bringt sie wirklich in Kontakt mit ihrer eigenen Seele – mit der Weisheit und dem Frieden in ihrem Inneren.

Da es sich bei der Journey um eine so tiefgehende Arbeit handelt, sollte meiner Meinung nach jeder für sich selbst entscheiden, ob er den Prozess durchführen will oder nicht. Falls Ihr Jugendlicher nach dem Lesen des Buches das Gefühl hat, er würde es vielleicht gerne mal versuchen, kann er zum Beispiel damit anfangen, indem er einen Freund, Verwandten oder Therapeuten um Zusammenarbeit bittet und *diese andere Per-*

son durch den Prozess führt. Danach können die Plätze getauscht werden und der Jugendliche kann sich selbst durch den Prozess führen lassen.

Auf diese Weise macht sich der Jugendliche mit dem Prozess vertraut und sein Partner steht auf der *gleichen Stufe* wie er. Dies ist für Heranwachsende in diesem Alter oft ganz besonders wichtig. Sie mögen das Gefühl nicht, dass irgendein Erwachsener versucht, sie zu »reparieren«. Wenn es sich jedoch um einen ebenbürtigen Austausch handelt, d.h. wenn beide Personen ihre Herzen öffnen und ihre Seele bloßlegen, wird sich keiner als offensichtlicher Experte profilieren. Die Jugendlichen empfinden die Situation dann eher als fair und ausgeglichen, was wiederum dazu führt, dass sie offener sind und sich leichter auf den Prozess einlassen. Sogar das gegenseitige »Prozessieren« unter Schulfreunden ist dem »Herumkommandieren« eines Erwachsenen vorzuziehen.

In Soweto hat sich die Journey-Arbeit mit Jugendlichen im Alter von 14 bis 18 Jahren als ungeheuer erfolgreich erwiesen. Alle haben das Buch *The Journey* gelesen, und sie tauschen regelmäßig untereinander Journey-Prozesse mit anderen Jugendlichen ihrer Gruppe aus. Diese Arbeit gilt als vergnüglich, spirituell und positiv, und diese jungen Menschen sind wahre Vorbilder von Selbstvertrauen, Charakterstärke und innerer Kraft.

Falls Sie die Neigung verspüren, sich mit der Journey-Arbeit vertraut zu machen – und ich hoffe, dass Sie es tun – empfehle ich Ihnen auch, das ursprüngliche Journey-Buch zu lesen. Als Eltern sind wir unseren Kindern das beste Beispiel, wenn wir zugeben, dass auch wir Probleme haben, und aktiv unsere Herzen öffnen, unsere eigenen Blockaden beseitigen und inneren Frieden finden.

Auf diese Weise dienen und helfen wir als Familie einander, unser eigenes Licht zu finden, uns unserem eigenen, wahren Potenzial zu öffnen und unsere eigene Großartigkeit zum Ausdruck zu bringen. Wir erkennen an, dass wir alle Probleme haben und dass wir in unserem eigenen Inneren wahre Freiheit finden können.

Ich bete von ganzem Herzen darum, dass alle Familien Heilung finden und dass jede einzelne menschliche Seele die außerordentliche Präsenz der Gnade entdeckt, die in uns allen ruht.

Auf dass wir alle die Lampenschirme von unserem Licht nehmen und unser strahlendes Potenzial freisetzen mögen!

Danke

Zuerst danke ich von ganzem Herzen den Kindern, deren Geschichten die Seiten dieses Buches füllen. Ihre Unschuld entwaffnet uns immer wieder, ihre Weisheit inspiriert uns, und ihre Kapazität für Heilung scheint grenzenlos zu sein. Ich danke euch, dass ihr uns allen die Möglichkeiten des wahren Erwachens und der Selbstentdeckung zeigt. Eure Namen wurden zwar geändert, doch ihr wisst, wer ihr seid: Nehmt bitte meinen Dank für euren Mut an. Mögen wir alle die Freiheit und Ganzheit entdecken, die ihr so mühelos durch eure Journeys gefunden habt.

Mein tiefempfundener Dank geht an die Lehrer, Begleiter und Therapeuten, die mit großem Mut diese Arbeit in die Schulen, Jugendgruppen und sozialen Organisationen getragen haben. Indem sie unseren Kindern helfen, ihr leuchtendes Potenzial freizusetzen, wird die Welt zu einem bessern Ort.

Besonderen Dank an Carole Hart, Kim Davis und Jayshree Mannie, Lehrerinnen, die nicht nur die Prozess-Arbeit in die Schulen gebracht haben, sondern heute die Kid's Journey-Programme in England, Südafrika und Australien anbieten. Mein Dank geht auch an Sally Mathews, eine besonders engagierte Therapeutin, die in den letzten Jahren mit Begeisterung Junior Journey-Seminare in England geleitet hat. Vielen Dank an Kim für das Entwerfen nützlicher Hilfsmittel für die Lehrer, die ihnen die Arbeit in den Klassen erleichtern. Und ich danke Angie Jamieson für ihre liebevolle Journey-Arbeit mit Jugendlichen im Rahmen von Jugendprogrammen in Soweto, Südafrika.

Von ganzem Herzen danke ich Jayshree Mannie, die als Erste den Journey-Prozess in einer Schule in Südafrika anwandte und die diese Arbeit heute in die unterprivilegierten Gemeinden trägt – zu Menschen, die sich diese Arbeit sonst nicht würden leisten können. Mit großer Liebe, Freude und Hingabe macht Jayshree soziale Einrichtungen, Erwachsenengruppen, Hilfsprogramme, Kinderhilfsgruppen etc. mit dieser Arbeit vertraut. Wo immer Hilfe und Heilung nötig sind, bietet Jayshree die Journey an. Gegenwärtig ist sie damit beschäftigt, auf Geheiß des südafrikanischen Erziehungsministeriums 75 Lehrern und Lehrerinnen zu zeigen, wie sie die Kid's Journey mit ihren Schülern durchführen können. Darüber hinaus bringt sie auch Privatschullehrern diese Arbeit bei. Meinen allerherzlichsten Dank, Jayshree. Durch deine Arbeit bist du für uns alle eine Quelle der Inspiration. Indem du so vielen Kindern die Chance gibst, ihr wahres Potenzial voll zu erfahren, trägst du dazu bei, dein Land zu befreien.

Ich danke auch den zahllosen Eltern, Onkeln, Tanten, ausgebildeten Journey-Begleitern und Journey-Absolventen auf der ganzen Welt, die mir ihre wunderbaren Heilungsgeschichten geschickt haben. Wenn wir auch nicht jede Geschichte hier wiedergeben konnten, sind sie dennoch eine Quelle der Inspiration für uns alle.

Ein besonderes Dankeschön geht an unser Journey-Team – unsere hingebungsvollen Mitarbeiter und Trainer, die überall auf der Welt vielen Menschen beim Erwachen und Heilen helfen. Eure Herzen sind so rein, und um der Menschheit zu dienen, gebt ihr alle so viel mehr, als je von euch erwartet wurde. Eine der größten Segnungen in meinem Leben ist die leidenschaftliche Liebe zur Wahrheit, die euch allen gemeinsam ist. Ihr seid Vorbilder der Hingabe und des Mutes. So viele Menschen helfen der Journey auf so viele Weisen, dass ich sie beim besten Willen nicht alle namentlich aufführen kann, doch ich möchte an dieser Stelle unseren direkten Mitarbeitern Gaby und Cliff

Burt, Laurie Siemers, Jess McLeod, Tricia Hudson, Claire Butler, Vanessa Szychter, Dean Pirera, Deb Burgess, Sarah Burnard, Lydia Garrow, Caryl Morgan, Sharon Johnson, Sudesh Mannie sowie Kristine und Skip Lackey meinen tief empfundenen Dank aussprechen.

Wieder einmal fühle ich mich gesegnet durch meine strahlende und inspirierte Herausgeberin Carole Tonkinson. Durch ihre Inspiration und Führung verwandelte sich dieses Buch von einem Kinderbuch in ein Buch für Eltern, damit Eltern überall auf der Welt ihren Kindern bei ihren Heilungsreisen als Partner zur Seite stehen können. Ich fühle mich geehrt, eine Herausgeberin mit so viel Weisheit und Vision als Verbündete zu haben.

Mein tiefster Dank geht an meinen Partner Kevin Billett. Kevin steht mir beim Schreiben als echter Partner zur Seite. Er ist meine Muse und mein Lektor, mein Resonanzboden und meine Inspiration. Sorgfältig und unermüdlich schaut sich Kevin jedes Wort an, um sicherzugehen, dass es die beabsichtigte Wahrheit, Integrität und Kraft ausstrahlt. Dieses Buch ist unsere gemeinsame Arbeit der Liebe.

Und schließlich ist der wahre Mit-Autor die Gnade selbst, der ich mit meinem ganzen Wesen danke. Möge jeder Atemzug geatmet und jeder Augenblick gelebt werden als ein nie endendes Gebet des Dankes im Dienste der Wahrheit.

Brandon Bays

Anmerkung der Autorin

Aus ganzem Herzen bete ich darum, dass die frohen Heilungsgeschichten und die Befreiung der Kinder Sie inspiriert haben, Ihrem Kind bei seiner Heilungsreise als Partner zur Seite zu stehen. Ich hoffe, dass die einfachen und praktischen Schritte zu einem natürlichen Teil Ihrer elterlichen Fertigkeiten werden und Sie sich frei fühlen, sie gemeinsam mit den anderen kraftspendenden und heilenden Techniken anzuwenden, die Sie bereits erlernt haben.

Vielleicht wird Ihr Kind Sie sogar inspirieren, sich auf Ihre eigene persönliche Journey zu begeben, um Ihr eigenes leuchtendes Potenzial freizusetzen. Dann können Sie sich gegenseitig dabei helfen, die Lampenschirme zu lüften, die Ihr Licht verdecken.

Falls Sie sich berufen fühlen, diese Arbeit zu vertiefen und Sie gerne mehr über die Kid's-Seminare, die Seminare für Erwachsene und andere Journey-Aktivitäten wissen wollen, finden Sie uns im Internet unter
www.thejourney.com
oder per E-mail unter info@thejourney.com.
Auf unserer Website finden Sie auch Adressen von Journey-Begleitern und Seminar-Angebote im deutschsprachigen Raum.

The Journey

Brandon Bays

Ein außergewöhnlicher Führer, um Ihr Leben zu heilen und sich selbst zu befreien

Im Jahre 1992 wurde bei Brandon Bays eine fußballgroße Geschwulst diagnostiziert, und sie wurde plötzlich in eine bemerkenswerte, tiefgreifende und letzten Endes befreiende Heilungsreise hineinkatapultiert. Nur sechseinhalb Wochen später wurde sie für völlig gesund erklärt – keine Medikamente, keine Operation, kein Tumor.

Der daraufhin von Brandon Bays ins Leben gerufene tiefgreifende Prozess der Selbstheilung, sie nannte ihn »The Journey«, hat seither viele tausend Menschen von lebenslangen emotionalen und physischen Blockaden geheilt. Ihre einzigartige Arbeit wird detailliert erläutert und die wirkungsvollen transformativen Techniken werden dem Leser nachvollziehbar vermittelt.

Beseitigen Sie Jahre emotionaler und physischer Blockaden!
Verbinden Sie sich mit Ihrer eigenen inneren Genialität!
Leben Sie Ihr Leben als Ausdruck Ihres höchsten Potenzials!
Erfahren Sie die grenzenlose Freude in Ihrem Inneren!
Erlangen Sie wahre Freiheit!

Erschienen im Ullstein Verlag
ISBN 3-548740-91-X

Bärbel Mohr / Clemens Maria Mohr

Die Mohr-Methode

Ihr persönliches Grundlagenprogramm zu privatem Glück und beruflichem Erfolg

Können Sie sich vorstellen, für Ihr Leben selbst verantwortlich zu sein? Für all die positiven Dinge, aber auch für alles, was nicht so optimal läuft?
Die Mohrs erklären profund und anhand anschaulicher Beispiele, warum Erfolg in allen Lebensbereichen von unseren Gedanken und Prägungen abhängt. Neunzig Prozent unseres Verhaltens wird vom Unterbewusstsein gesteuert!
Die Mohr-Methode zeigt, wie Sie innere Automatismen und Verhaltensmuster verändern können. Dabei gibt es nicht nur eine Methode, die für alle richtig ist, sondern viel mehr ein Baukastensystem in dem alles erlaubt und fast alles möglich ist. Kopf und Herz, Logik und Intuition sind gleichermaßen gefordert wenn das Leben in allen Bereichen funktionieren soll.

ISBN 978-3-936862-62-1
geb., 216 Seiten €14,95